LUTHER-
VERLAG

Birgitta Annette Weinhardt

Luther und Erasmus

Die Rechtfertigung des Sünders zwischen Gottes Gnadenwillen und menschlichem Willensvermögen

Studienreihe Luther 23

herausgegeben von Dieter Beese,
Günter Brakelmann und Arno Lohmann

Luther-Verlag

Bibliographische Information der Deutschen Nationalbibliothek
Die Deutsche Nationalbibliothek verzeichnet diese Publikation
in der Deutschen Nationalbibliographie;
detaillierte bibliographische Daten sind im Internet
über http://dnb.d-nb.de abrufbar.
ISBN 978-3-7858-0891-7

Umwelthinweis:
Dieses Buch wurde auf chlorfrei gebleichtem Papier gedruckt.

Umschlaggestaltung: Vogelsang-Design, Aachen
Satz: Luther-Verlag GmbH, Bielefeld
Druck und Bindung: Rudolph Druck GmbH & Co. KG, Schweinfurt
Bildnachweis Umschlag: wikimedia.commons (Etchings in the Rijksmuseum
Amsterdam)
Printed in Germany

Inhalt

I Einleitung

Dieser Band der *Studienreihe Luther* behandelt den berühmten Streit des Reformators mit dem anerkannten Führer des nordeuropäischen Humanismus, Erasmus von Rotterdam. Im Zentrum stand das auch heute hoch umstrittene Problem der menschlichen Willensfreiheit. Allgemein gefasst, besteht es in der Frage:

> »Können wir von einem *neutralen* Punkt unseres Geistes aus *frei* wählen, uns *für Gott zu entscheiden?*«

Oder etwas genauer formuliert:

> »Können wir von einem *neutralen* Punkt unseres Geistes aus *frei* wählen, uns *für den Glauben an Gott* zu entscheiden?«

Luther verneinte diese Frage und bezeichnete sie als grundlegend für die Theologie. Erasmus hingegen wollte die Willensfreiheit des Menschen retten. Bevor wir in Abschnitt III die Auseinandersetzung zwischen Erasmus und Luther nachzeichnen, beschäftigen wir uns einleitend mit einem der bestbekannten Luthertexte überhaupt, nämlich mit seinem Lebensrückblick aus dem Jahr 1545, ein Jahr vor seinem Tod. Es geht dabei um die sogenannte reformatorische Entdeckung Luthers. Wir ziehen sie heran, um sichtbar zu machen, dass der Streit Luthers mit dem großen Humanisten Erasmus ganz eng mit dem Ursprung der reformatorischen Bewegung zusammenhängt.

1. Luthers Lebensrückblick von 1545 Teil 1: Die Verzweiflung

Als junger Mann hatte Luther die Mönchsgelübde abgelegt, weil er um sein ewiges Heil fürchtete. Er hatte nämlich eine angstorientierte spätmittelalterliche Auffassung besonders tief verinnerlicht: Dass man der ewigen Hölle am besten dadurch entfliehen könne, indem man dem »weltlichen« Leben absagt und sich ins Kloster flüchtet. Denn nur innerhalb der Klostermauern, als Mönch oder Nonne – so lehrte die Kirche – könne man sich ohne Ablenkung dem Dienst Gottes vollkommen widmen und damit für sein ewiges Heil sorgen.

Luther bemerkte aber mit der Zeit, dass er die von ihm unter so hohen Kosten gesuchte unbedingte Heilsgewissheit auch als Mönch nicht finden konnte. Seine diesbezüglichen frühen klösterlichen Erfahrungen sind für Luthers Theologie ausschlaggebend geworden. Er beschreibt sie so:

> »Gewiss war ich damals von einem brennenden Verlangen gepackt worden, Paulus im Römerbrief zu verstehen. Aber nicht Kaltherzigkeit hatte dem bis dahin im Wege gestanden, sondern eine einzige Wortverbindung in Röm 1: ›Die Gerechtigkeit Gottes wird darin [im *Evangelium*] offenbart.‹ Ich hasste nämlich diese Wortverbindung ›Gerechtigkeit Gottes‹, die ich nach der üblichen Verwendung bei allen Lehrern gelehrt war philosophisch zu verstehen als die (wie sie sie bezeichnen) formale bzw. *aktive Gerechtigkeit*, auf Grund derer Gott gerecht ist und die Sünder und Ungerechten straft.
>
> Ich aber, der ich, so untadelig ich auch als Mönch lebte, mich vor Gott als Sünder mit ganz unruhigem Gewissen fühlte und nicht darauf vertrauen konnte, durch mein Genugtun versöhnt zu sein, liebte Gott nicht, ja, ich hasste vielmehr den gerechten und die Sünder strafenden Gott und empörte mich im Stillen gegen Gott und sagte: Als ob es nicht genug sei, dass die elenden und durch die Ursünde auf ewig verlorenen Sünder durch jede Art von Unheil niedergedrückt sind durch das Gesetz der Zehn Gebote, vielmehr Gott nun auch durch das Evangelium noch Schmerz zum Schmerz hinzufügt und uns mit seiner Gerechtigkeit und seinem Zorn zusetzt![1]

1 Martin Luther, Lebensrückblick von 1545, LDS II, S. 505.

Luther *wollte* also an Gott glauben, d. h. ihn *lieben*, wie er in der christlichen Kirche verkündigt wurde. Er war daher bereit, alle Gebote genauestens einzuhalten und darüber hinaus sogar noch die strengen Lebensregeln für Mönche aufs gewissenhafteste zu erfüllen.

Aber Gott war für ihn in erster Linie ein strenger Richter, der das kleinste Vergehen mit der Höllenstrafe belegen konnte. Ferner verstand Luther nicht, warum das *Evangelium* eine frohe Botschaft sein sollte, wenn sein Inhalt doch kein anderer war als der des streng fordernden *Gesetzes*. Bei aller »Untadeligkeit« seiner Lebensführung als Mönch – er konnte sich dessen nicht gewiss sein, dass seine Lebensführung absolut vollkommen war in den Augen des strengen Richters.

Wenn Luther darauf hinweist, dass er die Gerechtigkeit Gottes im aktiven Sinne verstanden habe, so handelt es sich dabei um den philosophischen Begriff von Gerechtigkeit, wie er von Aristoteles und anderen großen Lehrern definiert wurde. Die Kurzformel für aktive Gerechtigkeit lautete: »Jedem das Seine, den Guten Gutes, den Bösen Böses!«

Dass sich Luther mit einer philosophischen, im Grundsatz juristischen Definition von Gerechtigkeit auseinandersetzen musste, obwohl es ihm doch um den christlichen Glauben ging, hat kulturgeschichtliche Gründe. Auch für die frühen Christen war es selbstverständlich, dass man für schwere Verbrechen bestraft wurde, was etwa aus Röm 13 hervorgeht. Allerdings lagen diese Strafverfahren nicht in der Zuständigkeit der christlichen Gemeinden, sondern bei den Strafbehörden des römischen Reichs. In einer paulinischen Christengemeinde waren aber auch ehemalige Straftäter als Mitglieder willkommen. Denn auch für sie gilt Gottes Gnade (1. Kor 6,8 - 11). So wurden also »Böse« staatlich bestraft nach dem »philosophischen« Grundsatz der aktiven Gerechtigkeit. Dennoch stand aber einem bestraften Christen Gottes Gnade und Barmherzigkeit offen.

Das Problem, das den jungen Augustinermönch Martin Luther umtrieb, lag nun darin: Er ängstigte sich vor Gott, weil er ihn in dem Sinne für gerecht hielt, dass er selbst kleinste Sünden mit der Höchststrafe belegte, also mit der ewigen Höllenstrafe. Der Gedanke von Gottes Barmherzigkeit und Gnade war für ihn so weit in den Hintergrund getreten, dass er gar nicht mehr wirksam werden konnte. Nicht jeder Christ in Luthers Zeit hatte ein so stark ausgeprägtes Schuldbewusstsein wie er und ein so angstbesetztes Gottesbild. Aber die kirchliche Praxis war damals durchaus so pervertiert, dass viele sensible Menschen in vergleichbarer Weise litten wie Luther. Wie es dazu kommen konnte, dass Gottes Barmherzigkeit in der christlichen Kirche so weit an den Rand gedrängt wurde, soll in dem nächsten Abschnitt nachgezeichnet werden.

2. Die Adoption der aktiven Gerechtigkeitsvorstellung im mittelalterlichen Christentum

Im Rahmen der aktiven Gerechtigkeitsvorstellung ist der Mensch gut oder böse, und dies in unterschiedlicher Abstufung. Entsprechend hat der Richter bzw. die Regierung die Aufgabe, böse Menschen entsprechend der Schwere ihrer Verfehlungen zu bestrafen; und die Guten entsprechend zu belohnen.

In der frühen Kirche wurden die Menschen zumeist als Erwachsene durch die Taufe in die Kirche aufgenommen. Damit war die Vergebung der Sünden verbunden. Von den Getauften erwartete man, dass sie als Christen zumindest keine schweren Sünden mehr begingen, wie etwa Ehebruch oder Mord. Weniger schwerwiegende Sünden sollten die Christinnen sich gegenseitig vergeben.

So lange es bei diesem Umgang mit Sünde und Schuld blieb, stellte man sich Gott *nicht* primär als »aktiv gerecht« vor. Denn die aktive Gerechtigkeit hätte ja nicht zur Vergebung führen können, sondern nur zu mehr oder weniger harten Strafen.

Mit der Zeit aber machten die christlichen Gemeinden die Erfahrung, dass auch unter ihren Mitgliedern zum Teil sehr schwere Sünden vorkamen. Insbesondere betrachtete man als solche Ehebruch, Mord und Glaubensverleugnung. Wegen der Schwere dieser Sünden suchte man nach einer Form, wie man mit ihnen angemessen umgehen könne. Es entwickelte sich zunächst ein öffentliches Bußritual, wonach ein in schwere Sünde gefallenes Gemeindemitglied wieder in die Gemeinschaft aufgenommen wurde, wenn es die Gemeinde von dem Ernst seiner Reue überzeugte. Ein Mord wurde aber natürlich durch die staatlichen Gesetze noch gesondert gesühnt, je nach den Umständen.

Im Mittelalter ging diese öffentliche Buße dann in das private Bußsakrament über. Es bestand aus drei Teilen: *Erstens* musste die Person ihre Sünden dem Priester mündlich bekennen. *Zweitens* musste sie im Herzen diese Sünden bereuen. Wenn der Priester von der Aufrichtigkeit der Reue überzeugt war, sprach er das Beichtkind von seiner Schuld frei. Dabei verpflichtete er den reuigen Sünder aber auf eine noch zu erbringende Bußleistung. Diese hatte im Wesentlichen eine pädagogische Absicht, nämlich dem Sünder dabei zu helfen, in zukünftigen Situationen besser handeln zu können. Die Durchführung der Bußleistung bildete den *dritten* Teil des Bußsakraments.

Im Rahmen des Bußverfahrens nimmt die Gottesvorstellung zunächst nur *ganz leicht* einen Zug von »aktiver Gerechtigkeit« nach antik-philosophischer Vorstellung an. Selbstverständlich stellt man sich Gott immer noch primär als barmherzig vor. Denn gemessen an einer schweren Sünde, ist die Bußleistung keine Strafe, die der Schwere der Tat völlig entsprechen würde.

Allerdings ist hier nun aber noch an das so genannte Fegfeuer zu erinnern, das je länger desto mehr mit dem Bußvorgang verknüpft wurde. Im Vorstellungsrahmen des voll entwickelten Bußsakraments im Mittelalter bleibt bei den Sünden jetzt noch eine größere oder geringe *jenseitige* Strafe im *Purgatorium* übrig. Hierdurch wird der Ernsthaftigkeit der Schuld wieder stärker Rechnung getragen. Das Wort *Purgatorium* bedeutet ursprünglich »Reinigungsort«, wurde aber immer mehr als schmerzhafter Zustand vorgestellt und volkssprachlich als »Fegfeuer« übersetzt.

In der akademischen Theologie wird das *Purgatorium* als ein Zeitraum definiert, in welchem der Mensch noch von Gott getrennt ist, um von seinen sündhaften Anteilen in einer Art Entwicklungsprozess restlos befreit zu werden. Aber schon in dieser Phase ist der Sünder gewiss, dass sein Weg im ewigen Heil enden wird. In diesem Zustand fühlt die Seele des Menschen Trauer und Schmerz über seine vergangenen Untaten. Trotzdem ist das *Purgatorium* kein Ort der Höllenqual. Allerdings gab es zahlreiche Prediger, die die Angst davor bewusst schürten, indem sie es in entsprechenden Farben schilderten. Im Hintergrund stand dabei die Ablasspraxis, die florieren sollte, um u. a. den neuen Petersdom in Rom zu finanzieren.

Der Streit um diese Ablasspraxis wurde zum geschichtlichen Ausgangspunkt der Reformation. Der Ablass besteht darin, dass die Aufenthaltsdauer im »Fegfeuer« durch eine Geldzahlung verkürzt werden kann. Die bekannten Ablassprediger trugen erheblich dazu bei, dass im allgemeinen Bewusstsein fast nur noch die aktive Gerechtigkeitsvorstellung vorhanden war. Die Angst vor dem strafenden Richter war so allgegenwärtig, dass auch die Sakramente keinen hinreichenden Trost mehr darstellten. Genau an dieser Stelle entsprangen Luthers Gewissensnöte, die er in seinem Lebensrückblick geschildert hatte.

3. Luthers Lebensrückblick von 1545 Teil 2: Die Wende

Luthers persönliches Problem bestand darin, dass er noch 1517, dem Jahr des Thesenanschlags, den Läuterungsprozess im *Purgatorium* gerne durchlaufen hätte. Er hielt es für wünschenswert, von seiner Schuld vollständig gereinigt zu werden. Aber er war sich nie sicher, ob seine Reue in der Buße überhaupt echt war und ob er tatsächlich alle begangenen Sünden gebeichtet hatte. Beides waren Vorbedingungen dafür, dass Gott die Buße überhaupt annimmt. War die Reue nicht echt, führte der Weg trotz vollzogenem Bußsakrament direkt in die Hölle und nicht in das zeitlich begrenzte *Purgatorium*. Wie konnte sich Luther aber sicher sein, dass nicht nur der Priester, sondern auch Gott von der Aufrichtigkeit seiner Reue überzeugt war? Denn im Gegensatz zum Priester konnte Gott auf den Grund der menschlichen Seele schauen.

So ist es nicht verwunderlich, wenn Luther schrieb, er habe Gott gehasst.[2] Denn, wenn er sich vor dem strafenden Gott ängstigte, das Gebot der Gottesliebe ihm aber als das höchste galt, stand er in einem emotionalen Widerspruch. Dass unter diesen Umständen Angst in Hass umschlagen kann, ist nachvollziehbar. Wie aber sollte es möglich sein, unter dieser Bedingung in einen aufrichtigen Zustand der Reue zu kommen? Das ewige Heil schien damit in immer weitere Ferne zu rücken.

Aber auch zu Luthers Zeiten war die Vorstellung von Gottes Barmherzigkeit und Liebe natürlich nicht vollständig ausgelöscht. Besonders sein Beichtvater im Kloster, Johann von Staupitz, wies seinen Bruder Martinus immer wieder darauf hin, dass Gott doch barmherzig und gnädig sei. So konnte Luther durch seine skrupulöse Beharrlichkeit doch noch zu einer Vorstellung von Gott kommen, die dem Evangelium Jesu angemessener war. Diesen Vorgang beschreibt er in seinem autobiographischen Rückblick so:

2 Vgl. o. S. 10.

»Bis ich, durch Gottes Erbarmen, Tage und Nächte darüber nachsinnend meine Aufmerksamkeit auf die Verbindung der Wörter richtete, nämlich: ›Die Gerechtigkeit Gottes wird darin offenbart, wie geschrieben steht: Der Gerechte lebt aus Glauben.‹
Da begann ich, die Gerechtigkeit Gottes zu verstehen als diejenige, durch die der Gerechte als durch Gottes Gabe lebt, nämlich durch den Glauben, und dass dies der Sinn sei: Durch das Evangelium werde die Gerechtigkeit offenbart, und zwar die passive, durch die uns der barmherzige Gott gerecht *macht* durch den Glauben, wie geschrieben steht: ›Der Gerechte lebt aus Glauben.‹ Hier fühlte ich mich wie neugeboren und durch geöffnete Tore in das Paradies eingetreten zu sein. Da zeigte sich mir sogleich ein anderes Gesicht der ganzen Schrift. [...] Und wie sehr ich einst das Wort Gerechtigkeit Gottes abgrundtief gehasst hatte, mit ebensolcher Liebe erhob ich es als das mir allersüßeste Wort. So ist mir diese Stelle bei Paulus wirklich das Tor zum Paradies geworden.«[3]

Bei Luthers Unterscheidung von aktiver und passiver Gerechtigkeit besteht heute eine grammatikalisch bestimmte Verständnisschwierigkeit. Es könnte so klingen, als sei Gottes Gerechtigkeit einmal aktiv und wirksam, das andere Mal passiv und unwirksam. In Wirklichkeit jedoch gehört das Attribut der Aktivität zu Gott, während das Attribut der Passivität auf den glaubenden Menschen bezogen ist. Das heißt: Gott als aktiver Richter straft oder belohnt den Menschen. Die Passivität ist dagegen so zu verstehen: Der aktive Gott *schaut den Menschen gnädig an*, der an ihn glaubt, und behandelt ihn als einen Gerechten. Der Glaube ist dabei das Vertrauen des Menschen, dass Gott ihn aufgrund seiner Barmherzigkeit und trotz seiner Gebotsübertretung wieder in die Gemeinschaft mit sich aufnehmen will. Es ist dabei also vorausgesetzt, dass der Mensch seine Schuld vor Gott einsieht und doch auch wieder gerne mit Gott in Gemeinschaft treten möchte, um von ihm wieder Segen für sein Leben zu empfangen.

3 Martin Luther, Vorrede zum ersten Band der Wittenberger Ausgabe der lateinischen Schriften, 1545, in: Martin Luther, Lateinisch-Deutsche Studienausgabe, Bd. 2, Leipzig 2006, (S. 491–509), S. 505–507.

4. Der Zusammenhang zwischen Luthers »reformatorischer Entdeckung« und seinem Streit mit Erasmus über die Willensfreiheit

Der Zeitpunkt der sogenannten »reformatorischen Entdeckung«, den Luther in dem zitierten Lebensrückblick 1545 beschreibt, weist zurück auf das Jahr 1518. In der Forschung gab es sehr lebhafte Diskussionen darüber, wie zuverlässig diese Schilderung war. Fand Luthers Neuentdeckung der Barmherzigkeit tatsächlich so statt, wie er es im Rückblick schilderte? Handelte es sich um ein schlagartiges »Erlebnis« in seinem Studierzimmer im Turm des Augustinerklosters? Man weiß, dass das Erinnerungsvermögen sehr konstruktiv ist.

Nach einer ausführlichen Diskussion unter den Reformationshistorikern ergab sich als breiter Forschungskonsens, dass Luther im Rückblick die Entdeckung der neuen Gnaden- und Gotteslehre zwar sachlich richtig beschrieb. Aber es handelte sich dabei nicht um einen plötzlichen Erkenntnisakt, sondern um einen längeren Erkenntnisprozess, der sich in den Jahren um 1518 bis 1520 hinzog. Das bedeutet, dass die neue Rechtfertigungslehre 1525 schon vorlag, also in dem Jahr, als Luther sein Buch gegen Erasmus schrieb. So verwundert es auch nicht, dass der Reformator auch in diesem Werk eine ganz ähnliche Beschreibung seiner religiösen Erfahrungen gab wie im Rückblick von 1545. Die Formulierung in seiner Schrift über den unfreien Willen, *De servo arbitrio*, lautet:

> »Ich würde nicht wollen, dass mir ein freies Willensvermögen gegeben wird oder irgendetwas in meiner Hand belassen würde, wodurch ich nach dem Heil streben könnte. [...] Denn mein *Gewissen* wäre, und wenn ich auch ewig lebte und wirkte, niemals gewiss und sicher, wie viel es tun muss, damit Gott *genüge getan* wäre. Denn wie vollkommen auch immer ein Werk wäre, es bliebe ein Skrupel, ob Gott dies gefiele oder ob er irgendetwas darüber hinaus erforderte. Das beweist die Erfahrung aller Werkgerechten, und ich habe das zu meinem großen Leidwesen in so vielen Jahren zu Genüge gelernt. Aber weil jetzt Gott mein Heil meinem Willensvermögen entzogen und in seines aufgenommen und zugesagt hat, mich nicht durch mein Werk und mein Laufen, sondern durch seine Gnade und seine Barmherzigkeit zu retten, bin ich sicher und gewiss, dass er treu ist; er wird mich nicht belügen.«[4]

4 Luther, DSA, S. 651.

1545 bestand Luthers Glaubensproblem darin, dass er sich »vor Gott als Sünder mit ganz unruhigem *Gewissen* fühlte und nicht darauf vertrauen konnte, *durch [s]ein Genugtun* versöhnt zu sein«. In beiden Texten ist das Gewissen als der Ort bezeichnet, wo die Furcht vor Gott wohnt. Beide Male wird diese Furcht dadurch ausgelöst, dass Luther sich nicht gewiss sein konnte, hinreichende Genugtuung getan zu haben. Das bedeutet: Er war sich nicht sicher, ober er den dritten Teil des Bußsakraments hinreichend erfüllt habe, so dass seine Buße vollständig war und von Gott angenommen werden konnte.

Damit steht fest, dass Luthers reformatorische Entdeckung, die im Protestantismus sehr gefeiert wird, mit seiner Streitschrift über den geknechteten Willen inhaltlich sehr eng zusammenhängt. Luther meint, dass man sich seines ewigen Heils nur sicher sein könne, wenn es keine Willensfreiheit gibt. Mit dieser These nimmt er zwar ein altes Thema auf, aber mit einer ganz besonderen Pointe. Der Geschichte dieses Themas ist daher in aller Kürze nachzugehen.

5. Der theologiegeschichtliche Hintergrund der Streitfrage

Es war gegen Ende des 4. Jahrhunderts, als sich der höchst aufsehenerregende Streit über das Thema der menschlichen Willensfreiheit ereignete, und zwar zwischen dem energischen Mönch Pelagius und dem späteren Kirchenvater Augustinus von Hippo, dem einflussreichsten Theologen in der römisch-katholischen Kirche. Aber auch Luther, der Augustinermönch, war sehr stark von seinem Ordensheiligen geprägt.

5.1 Pelagius und die Kraft des menschlichen Willens

Pelagius wurde in Britannien zwischen 350 und 360 n. Chr. geboren. Als asketisch eingestellter Mönch ging er um 390 nach Rom und trat dort als Lehrer auf. In der Seelsorge an römischen Christen vertrat er die Meinung, dass die Würde des vernünftigen Menschen in der Willensfreiheit liege. Pelagius fasste die Willensfreiheit auf als die Freiheit der Wahl zwischen Gutem und Bösem. Von dieser hohen Würde des Menschen heraus meinte er, seine Schüler zu ethischem Fortschritt motivieren zu können.

Die von Augustinus gelehrte Erbsünde existiert nach Pelagius nicht. Jedem Menschen sei daher ein sündloses Leben grundsätzlich möglich.

Augustin (354–430) war vor seiner Bekehrung zum Christentum Mitglied der Manichäer. Der Manichäismus war eine im dritten Jahrhundert recht verbreitete Konkurrenzreligion zum Christentum und beruhte auf dem prinzipiellen Gegensatz von Gut und Böse. Um sich auf der Seite des Guten zu halten, musste man auf vieles verzichten, etwa auf das Ausleben seiner Sexualität, auf opulentes Leben und anderes mehr. Eine ähnliche Verzichtshaltung gab es auch im katholischen Mönchtum, dem Augustin inzwischen angehörte. Er hatte seither die Lehre von der Erbsünde entwickelt, wonach die ursprüngliche Sünde von Eva und Adam im Paradies sich auf alle Menschen übertragen habe, und zwar in der Form eines angeborenen Hanges zum Bösen. Diese Erbsündenlehre kritisierte Pelagius als ein manichäisches Erbe, das Augustin in die christliche Theologie eingeschleppt habe.

Im Jahr 411/12 reiste Pelagius mit seinem Assistenten Caelestius über Nordafrika nach Palästina ins Heilige Land. Seit 412 setzte sich Augustin mit Pelagius auseinander, den er als einen Häretiker (Ketzer) auffasste. Aufgrund dieser Vorwürfe fand im Jahr 415 ein Kolloquium in Jerusalem statt. Im gleichen Jahr wurde Pelagius auf einer Synode in der Stadt Diospolis vom Vorwurf der Häresie freigesprochen. Jedoch wurde er im Folgejahr auf zwei Synoden in Karthago und Milve wiederum als Ketzer verurteilt. 417 schloss sich Papst Innozenz I. der karthagischen Verurteilung an und exkommunizierte Pelagius. Sein Nachfolger, Papst Zosimus, revidierte diese Exkommunikation aber noch im selben Jahr. Daraufhin erklärte 418 Kaiser Honorius den Briten als Frevler und drohte ihm strafrechtliche Verfolgung an. Ebenfalls 418 verdammte eine Synode in Karthago die Lehre von Pelagius. Papst Zosimus verurteilte Pelagius im gleichen Jahr ebenfalls, jedoch mit abweichender Begründung. Daraufhin wurde Pelagius aus Palästina ausgewiesen. Sein Todesdatum ist unbekannt, Augustin hatte jedoch noch längere Zeit Auseinandersetzungen mit seinen Schülern Caelestius und Julian von Aeclanum.[5]

5 Vgl. Winrich Löhr, Art: Pelagius/Pelagianer/Semipelagianer I, in: RGG[4] Bd. 6, Sp. 1081 f.

5.2 Augustinus und das unfreie Willensvermögen

Augustin hatte in seiner früheren Zeit die Willensfreiheit ebenfalls vertreten. Seine Mutter Monnica war Christin, sein Vater Patricius gehörte dem städtischen Adel an und wurde erst kurz vor seinem Tod Taufanwärter in der Christengemeinde. Augustin erhielt eine philosophische Ausbildung und lehrte später selbst an verschiedenen höheren Schulen Grammatik und Rhetorik. Nach seiner Bekehrung vom Manichäismus zum katholischen Christentum kehrte Augustin nach Thagaste, seiner Geburtsstadt zurück, und bildete mit einigen Freunden eine klösterliche Lebensgemeinschaft. 391 wurde er gegen seinen Willen zum Priesteramt ordiniert und 397 zum Bischof der Hafenstadt Hipporegius gewählt. Seine zahlreichen Schriften, Briefe und Gutachten beeinflussten die Kirchengeschichte durch die Jahrhunderte.

In der Auseinandersetzung mit Pelagius und dessen Schülern sowie auf der Grundlage seiner Erbsündentheorie entwickelte Augustin eine einflussreiche Gnadenlehre. Sie beantwortet die Frage, wie Menschen vor Gott bestehen können, wenn sie, durch die Erbsünde belastet, immer wieder sündigen müssen.

Augustins Antwort lautet, dass Gott tatsächlich alle Menschen für ihre Sünden bestrafen könnte, und zwar mit der schwersten denkbaren Strafe: einer endlosen Höllenqual. Denn die Ehre Gottes werde durch jede menschliche Sünde verletzt. Eine größere Schuld sei nicht denkbar – daher sei ihr auch die denkbar schwerste Strafe angemessen. Würde diese Strafe jedoch durchgeführt, wäre der Zweck der Schöpfung nicht erreicht. Daher habe Gott beschlossen, *einen Teil* der sündigen Menschen zu begnadigen.

Dieser Gnadenakt Gottes ergehe in völliger Souveränität: Kein Sünder habe ein Anrecht auf die Begnadigung, kein Sünder könne sich die Begnadigung auch nur ansatzweise verdienen. Daher habe Gott schon vor der Schöpfung nicht nur den Fall der Ureltern vorhergesehen, sondern auch schon entschieden, welche ihrer Nachkommen er zum Glauben erwählen werde. Diese Erwählten bilden die gläubige Christenheit und werden nach ihrem Tod ewig in der Gemeinschaft mit Gott glücklich leben, während die Nicht-Erwählten die Strafe erleiden, die eigentlich allen Menschen gebührte. Die Verdammten haben nach Augustinus aber keinen Grund, sich über eine Ungerechtigkeit Gottes zu beklagen, denn sie haben ja freiwillig gesündigt – wenn auch nicht willensfrei. Die Höllenstrafe sei also eine gerechte Strafe, die hingenommen werden müsse. Gottes Barmherzigkeit gegenüber den Erwählten hingegen zeige Gottes Liebe.

Für diese Lehre konnte sich Augustin auf Paulus berufen, der sich in Röm 9 auf die Erwählung Jakobs schon im Mutterleib bezog, sowie auf die von dem Apostel formulierte Aussage, dass nicht nur das Vollbringen, sondern schon das Wollen ein Resultat des göttlichen Handelns sei. Damit ist die Lehre von der *ewigen Prädestination* in ihren wesentlichen Aspekten umrissen.

Auf das Problem jedoch, dass die Nicht-Erwählten aufgrund der fehlenden Gnade überhaupt nicht *nicht* sündigen konnten, geht Augustin nicht ein. Die Härte der Prädestinationslehre führte dazu, dass nach Augustins Tod immer wieder Erweichungen seiner harschen Position stattfanden. Eine Synode in der südfranzösischen Stadt Orange (Aurisiacum) bestätigte jedoch im Jahr 529 die Augustinische Gnadentheologie in den meisten Punkten. Verworfen wurde nur eine radikal-augustinische Position, nämlich die Lehre, dass Gott einige Menschen zum Bösen prädestiniert habe. Das hatte der Kirchenvater aber auch selbst nicht gelehrt.

So besteht also sowohl bei Augustin selbst als auch in den Synodalbeschlüssen eine unauflösbare Paradoxie: Alle Menschen können aufgrund der angeborenen Sünde *nicht* mehr *nicht sündigen*, und alle verdienen die Höllenstrafe. Nun schenkt Gott aber einigen Sündern seine Gnade. Diese ist in den Erwählten so mächtig, dass sie ganz sicher *nicht* mehr *sündigen* werden, zumindest nicht in der Weise, dass sie das ihnen von Gott vorherbestimmte ewige Heil verlieren. Gottes Akt der Erwählung der einen Menschengruppe zum ewigen Heil fällt aber notwendig zusammen mit der gleichzeitigen Nicht-Erwählung der weiterhin in die Verdammung Laufenden. Muss man daher nicht doch von einer *doppelten* Prädestination sprechen, die hier stattfindet, wenn man auf die Auswirkungen für die beiden Menschengruppen fokussiert? Wir stehen hier an einem Punkt, an dem die Barmherzigkeit Gottes (gegenüber den Erwählten) und seine Gerechtigkeit (gegenüber den Nicht-Erwählten) auseinandertritt. Die Angst vor dem verdammenden Gott tritt in die christliche Theologie ein.

5.3 Die mittelalterliche Theologie zwischen Pelagius und Augustinus

Nach dem katholischen Traditionsverständnis hält die römische Kirche bis heute an den synodalen Entscheidungen gegen Pelagius und für die augustinische Gnadenlehre fest, aber auch an der Entscheidung gegen die Vorstellung von Gottes Prädestination zum Bösen. Die Theologie musste sich daher innerhalb dieser spannungsvollen Grenzmarken halten:

1) Das ewige Heil erhalten nur die Erwählten, und dies bedingungslos, ohne irgendeine Vorleistung.
2) Niemand kann wissen, ober er zu den Erwählten gehört. Denn es gibt Kirchenmitglieder, die äußerlich alle Regeln einhalten und sich auch innerlich so fühlen wie die Erwählten; aber es fehlt ihnen dennoch die Bestimmung zum ewigen Heil, weshalb sie entweder doch nicht einen echten Glauben haben oder, falls doch, ihn im Lauf ihres Lebens noch verlieren werden.[6]
3) Niemand ist dazu prädestiniert, in der Hölle zu enden.

Es ist offensichtlich, dass die Ungewissheit von empfindsamen oder ängstlichen Menschen sich in diesem System nicht restlos auflösen lässt. Denn nur die zum Heil Prädestinierten werden gerettet, und niemand weiß, ob er oder sie zu den Auserwählten gehört oder nicht. Da aber auch der (Semi)pelagianismus verurteilt wurde, konnte auch eine stärkere Willensanstrengung des Menschen nicht aus der Heilsunsicherheit herausführen.

Im Laufe der Jahrhunderte entwickelte sich zwar auf der Grundlage der Entscheidungen von Orange eine Reihe von leicht unterschiedlichen theologischen Vorstellungen über das Zusammenwirken von göttlicher Gnade und menschlichem Verhalten. Die dominikanischen Theologen betonten etwas stärker die Wirkung der göttlichen Gnade, die franziskanischen hingegen die Mitwirkung des menschlichen Gemütes zum ewigen Heil.

6 Die Erwählung eines Menschen durch Gott impliziert das Geschenk der Perseveranz, also der Beharrlichkeit des Glaubens bis zum Ende des Lebens. Kein Christ kann sich gewiss sein, dass er diese Gabe besitzt. Ausnahmen gibt es nur bei einigen kanonisierten Heiligen, denen Gott oder Christus schon zu Lebzeiten das ewige Heil zugesprochen hat.

Auf keiner dieser Positionen war es aber möglich, die dem Augustinismus innewohnende Problematik grundsätzlich aufzulösen. Wir werden sehen, dass auch Erasmus versuchte, eine praktikable Haltung zu dieser Frage zu gewinnen, wobei er tendenziell den Grundsatz (1) relativierte. Luther bewegte sich innerhalb desselben Schemas. Aber bei ihm könnte man fragen, ob er sich nicht der Negation von Satz (3) annähert.

Nun spielte allerdings die beschriebene Problematik in der religiösen Praxis der Menschen keine große Rolle. Das lag in den frühen Jahrhunderten des Mittelalters daran, dass das allgemeine Bildungsniveau auch bei den meisten Priestern recht elementar war. Viel wichtiger war es aber, dass sich das religiöse Leben vorwiegend auf einer praktischen Ebene bewegte. Christsein realisierte sich nämlich hauptsächlich auf der gottesdienstlichen Ebene. Hier wiederum standen die Sakramente im Mittelpunkt. Und über die Sakramente dachte man nicht nach, sondern man gebrauchte sie, indem man an ihrer Feier teilnahm. Die Gnade Gottes und das ewige Heil waren daher kein theoretisches Problem, sondern ein impliziter Teil des praktischen Lebensvollzugs. So ist es auch nicht verwunderlich, dass die Reformation ihren Ausgangspunkt auf der sakramentalen Ebene des Kirchenwesens nahm. Deswegen wenden wir uns nun den katholischen Sakramenten zu.

5.4 Erbsünde, Sünde und die Bedeutung der Sakramente im mittelalterlichen Katholizismus

Der Katholizismus und die Reformatoren waren sich in einer ganzen Reihe von theologischen Vorstellungen einig: Adam und Eva waren sündlos geschaffen, und von ihnen stammen alle weiteren Menschen ab, die jeweils die Erde bevölkerten. Durch die Sünde der so genannten Stammeltern wurden sie qualitativ verändert. Waren sie im Schöpfungszustand ethisch noch »neutral«, steckte in ihnen nach der Ursünde ein gewisser Hang zum Ungehorsam und anderem Schlechten. Zwar nahm sich Gott der Schuldigen an, aber sie mussten den Garten Eden verlassen, die unmittelbare Gottesgegenwart ging verloren.

In diesem Zustand der relativen Gottesferne und mit dem Makel der Ur- oder Erbsünde behaftet, habe Gott in der alttestamentlichen Zeit die Opferriten eingesetzt, um mit schwerer Schuld umgehen und die göttliche Vergebung empfangen zu können. An die Stelle der Opfer traten seit Christus die Sakramente. Besonders wichtig sind in unserem Zusammenhang die Taufe und die Buße, auf die wir schon oben gestoßen sind. Im Mittelalter wurde das Sterbesakrament besonders wichtig.

Das Sterbesakrament wurde den Christinnen gereicht, wenn das Ende ihres Lebens absehbar war. Es bestand in einer letzten Beichte, aber anstatt eine Bußleistung auferlegt zu bekommen, empfing die Sterbende eine Salbung, wodurch sie der Gnade Gottes versichert wurde.

Nach der mittelalterlichen Vorstellung wartete die Seele einer verstorbenen Person nun aber nicht mehr lediglich für eine gewisse Zeit darauf, in Gottes Reich aufgenommen zu werden, solange ihre noch ungebüßte Schuld im Purgatorium abgetragen war.

Jetzt schilderten die Ablassprediger den »Reinigungsort« vielmehr als eine zeitlich begrenzte Hölle, in der man fürchterliche Qualen aushalten müsse. Ermöglicht wurde diese Uminterpretation der altkirchlichen Vorstellung vom Purgatorium dadurch, dass schon im Alten Testament der Reinigungsprozess bei der Metallschmelze als Metapher für die Reinigung des Volkes Israel durch Gott gebraucht wurde (z.B. Ps 66,10). Metall wird nach der Erzschmelze gereinigt, indem die oben schwimmende Schlacke entfernt wird und nur noch das reine Metall übrig bleibt. Vor diesem Hintergrund ist es zu verstehen, wie der lateinische Begriff »Purgatorium« volkssprachlich zu einem heißglühenden »Fegfeuer« werden konnte. Natürlich hatten die Menschen Angst vor diesem Ort, und im 16. Jahrhundert machten sich die Päpste und Ablasshändler daran, ihre fegfeuerverkürzenden Bescheinigungen massenhaft auf den Markt zu werfen.

Gottes Barmherzigkeit wurde gelegentlich darauf verkürzt, dass sie in der Möglichkeit bestehe, sich relativ billig von der Fegfeuerstrafe freizukaufen. Die Sakramente selbst stellten keinen hinreichenden Trost mehr dar.

5.5 Das ursprüngliche Motiv von Luthers Kritik am Ablass

Zusammenfassend lässt sich also sagen, dass Luther den Ausweg des Ablasskaufes zur Überwindung seiner Sündenschuld nicht nehmen konnte, weil er Gottes Vergebung allein aufgrund einer vollständigen und echten Reue erhoffen konnte. Wahre Reue schien ihm aber nur auf der Grundlage von echter Gottesliebe möglich zu sein. Doch zur echten Gottesliebe fühlte er sich nicht imstande, weil seine fürchterliche Angst vor dem strafenden Richter in ihm einen wilden Hass auf Gott auslöste. So schien das ewig Heil für ihn unerreichbar zu sein, und erst das neue Verständnis von Gottes Gnade und seiner passiven Gerechtigkeit befreiten ihn aus dieser Gewissensqual.

Damit haben wir Luthers theologische Entwicklung soweit nachvollzogen, wie es zum Verständnis seiner Schrift gegen Erasmus notwendig ist. Nun müssen wir neu einsetzen, um auch Erasmus' Denkweg so weit nachzuvollziehen, dass wir auch seine Parteinahme gegen Luther anhand seines Lebensweges verstehen können. Zu diesem Zweck wenden wir uns zuerst der Bewegung des Humanismus zu, in der Erasmus eine überragende Rolle spielte.

II Bildung und Humanismus

Erasmus' Leben fiel in eine Zeit, in der die römisch-katholische Kirche und ihre Theologie auch ohne die von Wittenberg und Zürich ausgehende Reformation schon stark herausgefordert war. Nicht nur unter den Gebildeten war eine fundamentale Kirchenkritik stark verbreitet. Das zum Teil sehr pompöse Auftreten mancher Bischöfe und Päpste, die moralische Fragwürdigkeit einzelner Päpste, Priester und Mönche, sowie die sprichwörtliche Geldgier der römischen Kirchenverwaltung führten bei vielen Menschen zu einem inneren Widerwillen gegen die organisierte Religion – die auf der anderen Seite aber auch versprach, als *einzige* nach dem irdischen Tod vor der ewigen Höllenstrafe retten und die Himmelstore öffnen zu können. Diese Gemengelage von Unmut über unübersehbare kirchliche Missstände einerseits, und der Angst vieler Menschen vor den jenseitigen Strafen andererseits, war wesentlich für den Anklang Luthers und die Neugestaltung der Kirche durch die Reformation.

Die Reformation wäre aber ohne die Strömung des Humanismus kaum möglich gewesen. Manche Humanisten erhoben schon lange massiven Protest gegen Strukturen und Personen der mittelalterlichen römischen Kirche. Sie verwarfen allerdings diese Kirche nicht in Bausch und Bogen. In erster Linie richtete sich ihre Kritik gegen den Verfall der Bildung im Mönchtum und bei den kirchlichen Amtsträgern, angefangen von den Priestern bis hin zu den Bischöfen und Päpsten. Dabei war Bildung recht ganzheitlich gedacht – die Macht- und Besitzgier des höheren Klerus war aus humanistischer Sicht geradezu ein Anzeichen des Mangels an wahrhafter Bildung.

Die kirchliche Gegenwart erschien den Humanisten besonders im Vergleich mit der einstigen Blüte des vierten Jahrhunderts als eine Bildungswüste. Aber gleichzeitig arbeiteten manche von ihnen auch daran, die Schäden in der Kirche zu beheben – andere begnügten sich damit, die Kirche zu verspotten. Diejenigen Humanisten, denen die Kirchenreform am Herzen lag, wollten vor allem die Schriften der von ihnen hochgehaltenen Kirchenväter zur Geltung bringen. Dafür suchten sie beispielsweise in abgelegenen Klöstern nach bisher unbekannten Werken dieser Autoren, um das theologische Niveau der Kirche anzuheben. Dabei waren die Humanisten aber nicht lediglich Traditionalisten. Es gab auch konstruktive Geisteswissenschaftler unter ihnen.

Die Reformation wäre ohne den Reformeifer der Humanisten und ihrer Vorarbeiten nicht so leicht möglich gewesen – vielleicht auch überhaupt nicht. Das Motto des Humanismus lautete: »*Ad fontes!* – Zu den Quellen!« Durch die Rückbesinnung auf die großen Autoren der alten Kirche, aber auch der vorchristlichen Antike, erhofften sich seine Vertreter einen Schub für die Reform der kirchlichen Bildung und damit der Kirche insgesamt. Der reformatorische Ruf »*Sola scriptura!* – alleine die biblischen Schriften gelten als Norm für den wahren Glauben!« ist durchaus eine Konkretion, allerdings auch eine Engführung des humanistischen Mottos.

Auch führende Reformatoren gehörten dem Humanismus an, an der Seite Luthers beispielsweise Philipp Melanchthon, in der Schweiz Jean Calvin. Die Fürsten, welche die Reformation in ihrem Territorium eingeführt hatten, ließen auch ihre Universitäten im Sinne des Humanismus erneuern. Aber auch Luthers Gegenspieler, Erasmus von Rotterdam, war ein wichtiger Frontmann des Humanismus. Statistisch betrachtet, ist der größere Teil der Humanisten, die zur Generation von Erasmus gehörten, altgläubig geblieben, während sich die Mehrheit der folgenden Generation der Reformation anschloss.

Dies alles zeigt, dass man zum Verständnis des Falles »Erasmus gegen Luther« einen Blick auf den mittelalterlichen Humanismus werfen muss. Allerdings ist dieser sehr eng verwoben mit der allgemeinen Bildungsgeschichte des westlichen Europas, so dass wir zeitlich noch einmal in die Zeit Augustins zurückkehren müssen.

1. Christlich-religiöse Bildung von der Spätantike bis zum Mittelalter

Seit dem dritten Jahrhundert kommentierten christliche Gelehrte die biblischen Schriften auf der Höhe des damaligen Wissens. Sie versuchten außerdem, wichtige Themen des christlichen Glaubens systematisch zu klären (zum Beispiel das Verhältnis zwischen dem Menschen Jesus und Gott). Im 4. Jahrhundert, als die römischen Kaiser das Christentum annahmen und als staatlich gewünschte Religion förderten, verfassten die später so genannten Kirchenväter Augustinus (354 - 430), Hieronymus (347 - 420), Ambrosius (339 - 397) und Gregor der Große (540 - 604) im Rahmen ihrer Zeit bedeutende theologische und geschichtsphilosophische Werke. Die drei erstgenannten Kirchenväter erlebten aber schon den Beginn einer einschneidenden Wende der Weltgeschichte, und damit auch der christlichen Kirchen- und Theologiegeschichte.

1.1 Das Bildungswesen in den west- und mitteleuropäischen Nachfolgestaaten des römischen Reiches

Die Außengrenzen des römischen Reiches dehnten sich bis zum zweiten Jahrhundert n. Chr. immer weiter aus: Nördlich des Mittelmeers reichten sie von Spanien bis zum Schwarzen Meer, im Osten von der heutigen Türkei bis zur Euphrat- und Tigrismündung im Persischen Golf. Schließlich gehörten noch die Küstenstaaten des südlichen und östlichen Mittelmeers zum Römerreich.

Diese 7500 km langen Außengrenzen bildeten von Anfang an ein geopolitisches Grundproblem für die römischen Kaiser. Um sie zu sichern, bedurfte es erheblicher militärischer und finanzieller Anstrengungen. Aber auf Dauer ließen sich die Grenzen vor allem im Norden und Osten nicht halten. Das römische Reich schrumpfte auf ein immer kleiner werdendes Kerngebiet zurück. Diese Entwicklung wurde früher unter dem Stichwort »Völkerwanderung« behandelt, das sich aber als zu plakativ und vereinfachend erwiesen hat. Stark verkürzt, stellen sich die Ereignisse so dar: Am Ende des 4. Jahrhunderts gerieten Bevölkerungsgruppen nördlich und östlich des römischen Reiches unter militärischen Druck, weil Reiterverbände aus dem ferneren Osten verdrängt worden waren und sich im Grenzbereich des römischen Reiches eine neue Machtbasis zu schaffen versuchten. Die römische Regierung nahm in dieser Krise Gruppen der direkten Nachbarn auf römischem Territorium auf. Im Gegenzug dazu sollten sie die Reichsgrenzen militärisch stützen. Man vergleicht diese nichtrömischen Schutztruppen gelegentlich mit heutigen *warlords* und ihren Söldnern mitsamt deren Familien.

Dabei kam es aber auch zu Aufständen dieser Schutztruppen *gegen* die römische Zentralmacht. Nach und nach bildeten sich so auf dem Boden des römischen Reiches selbstständige germanische Staaten, von Spanien bis zum Balkan, von Großbritannien bis Norditalien. Diese politischen Umbrüche hatten Konsequenzen auch für das Bildungswesen.

1.2 Das Schulwesen in den germanischen Nachfolgestaaten des römischen Reiches

Die neuen Herren übernahmen die römischen Territorien und lebten von der Arbeit der Landbevölkerung. Die Städte verfielen jedoch und damit auch die höheren Schulen. Selbst einfachere Schulen gab es bald nur noch in den Klöstern und den Bischofsstädten. In den bischöflichen Stadtschulen wurden Kinder und Jugendliche in Latein unterrichtet, um sie auf ein kirchliches Amt vorzubereiten. Ein akademisches Theologiestudium gab es nirgendwo. Es reichte für einen Priester aus, das lateinische Gottesdienstformular für den jeweiligen Sonntag richtig vorlesen zu können. Eine Predigt in der Volkssprache gab es nur ausnahmsweise. Das war in den Dörfern noch zu Luthers Zeiten so.[7]

In den Klosterschulen wurden in der sog. *inneren* Schule die Jungen ausgebildet, die von ihren Eltern schon als Kinder zum Klosterleben bestimmt worden waren. Auch dazu mussten sie vorwiegend die lateinische Sprache erlernen. Denn die Hauptaufgabe der Mönche bestand darin, täglich bis zu sieben Mal einen Gottesdienst in lateinischer Sprache zu feiern. Außer Latein wurde noch etwas Mathematik, Astronomie und

7 Über das mittelaltrige Bildungswesen informiert gut: Ulrich Nonn, Mönche, Schreiber und Gelehrte. Bildung und Wissenschaft im Mittelalter, Darmstadt 2012.

Musik unterrichtet. In der *äußeren* Schule hingegen, wenn ein Kloster eine solche hatte, wurden die Kinder des höheren Adels einige Jahre lang unterrichtet, um eine gewisse Grundbildung für ihre spätere Aufgabe als Regenten zu erhalten.

Insgesamt gab es also im europäischen Mittelalter bis ca. 1200 n. Chr. Schulen fast nur für angehende Priester und Mönche. Aus diesen Schulen stammten auch die Lehrkräfte der nächsten Generation.

Die Inhalte des Unterrichts orientierten sich an den sogenannten sieben freien Künsten (den *artes liberales*) der vorchristlichen Antike.[8] Sie umfassten die Grammatik, die Rhetorik (Verstehen und Verfassen von öffentlichen Reden) und die Dialektik (Logisches Argumentieren, in der Ratsversammlung oder vor Gericht) sowie die mathematischen Wissensbereiche Arithmetik, Geometrie, Musik und Astronomie. Diese Fächerkombination galt auch im Mittelalter als Grundlage des Schulwesens. In der Antike bezogen sich die drei sprachlichen Fächer jedoch üblicherweise auf die *eigene* Sprache, also auf Latein oder Griechisch. Im Mittelalter erlernten die Schüler jedoch *nicht* die Regeln und die Redegewandtheit in ihrer Muttersprache, sondern das Latein der Kirchenberufe. Die meisten Schüler in den Kloster- und bischöflichen Schulen kamen im Unterricht gerade so weit, dass sie die Klostergebete oder die liturgischen Bücher im Gottesdienst vorlesen konnten.

Das *theologische* Wissen bestand in den frühen Jahrhunderten des Mittelalters vorwiegend darin, dass man wichtige Aussagen der Kirchenväter kennenlernte, etwa die Augustins. Man orientierte sich an ihnen als unhinterfragbaren Wissensbestand. Einen Fortschritt bedeutete das Werk *Sic et Non* (*Ja und Nein*) von Petrus Abaelardus (1079 - 1142). Er stellte Kirchenväter-Zitate gegeneinander, die sich teilweise oder vollständig zu widersprechen schienen. Mit den Regeln des logischen Denkens versuchte er dann, die gegensätzlichen Meinungen so miteinander auszugleichen, dass ihre jeweiligen Teilwahrheiten herausgearbeitet wurden und so eine differenziertere Gesamtsicht auf das Thema entstand.

Abaelards dialektisches Verfahren führte zu einer Grundform der *scholastischen* (»schulmäßigen«) Bildung: die Disputation. Zu einer beliebi-

8 Dieser Begriff verweist darauf, dass es eines freien Mannes in der Antike nicht würdig war, sich mit Handwerk abzugeben. Die politische Oberschicht sollte sich eher mit sprachlichen und mathematischen Wissenszweigen beschäftigen.

gen theologischen Aussage suchte man Gründe, die zu ihrer Widerlegung oder Begründung dienen konnten. Wenn es Kirchenväter-Sätze waren, über die disputiert wurde, besaßen diese natürlich einen gewissen Geltungs- und Wahrheitsanspruch. Es konnte im Verlauf einer zünftigen Disputation jedoch klar werden, dass dieser Wahrheitsanspruch gar nicht leicht zu begründen war. Die scholastische Reflexion konnte also eine gewisse Sprengkraft bezüglich der theologischen Traditionen entfalten, auch wenn dies nicht beabsichtigt war.

1.3 Universitätsgründungen

Eine neue Epoche des mittelalterlichen Bildungswesens begann mit der Gründung der ersten Universitäten. Für die Theologie war besonders die im 12. Jahrhundert gegründete Universität in Paris von Bedeutung. In der Hauptstadt des französischen Königreiches gab es bis dahin eine bischöfliche Domschule, einige Klosterschulen und daneben noch private Lehrer, die in der großen Stadt Schüler aus reichem Elternhaus fanden. Alle diese unterschiedlichen Schulen schlossen sich nach und nach zur »Universität der Lehrmeister und Schüler« zusammen (*universitas magistrorum et scholarum*). *Universitas* ist hier noch nicht im Sinne einer modernen Universität zu verstehen. Passender wäre etwa der Begriff »Genossenschaft«. Im Jahr 1200 wurde die Universität in Paris von König Philipp anerkannt und stand seither unter seinem Schutz. Die »Universitätsbildung« führte mit sich, dass die Lehrer und Studenten besondere Rechte in der Stadt erhielten, darunter auch ein Selbstverwaltungsrecht. So verbesserte sich ihre soziale und finanzielle Stellung.

Das Studium war an allen Universitäten des Mittelalters ähnlich strukturiert: Die jungen Männer (Studentinnen waren nicht vorgesehen) begannen mit dem Studium der Freien Künste in der philosophischen Fakultät. Sie konnten nach einigen Jahren den Magister-Titel erwerben. Aber auch wenn sie diesen (kostspieligen) Abschluss nicht machten, konnten sie die Universität mit großem Ansehen verlassen und in ihrer Heimat ein städtisches oder höfisches Amt bekleiden. Mit dem abgeschlossenen Philosophiestudium war man aber auch berechtigt, ein Studium in den übergeordneten Fakultäten Medizin, Recht oder Theologie zu beginnen und dieses mit einem Doktortitel abzuschließen.

Martin Luther durchlief später dieselben Strukturen: Er studierte als Sohn eines aufstrebenden Unternehmers zunächst die Freien Künste und sollte nach dem Willen seines Vaters anschließend noch Jura studieren. Aber das berühmte Gewitter bei Stotternheim führte dazu, dass Martin stattdessen ins Kloster ging. Er sagte damit dem Jurastudium ab, wurde aber von seinen Ordensvorgesetzten später zum Theologiestudium abgeordnet.

Die Zusammenlegung verschiedener Schulen mit einer großen Anzahl kluger Köpfe an einem einzigen Ort wirkt naturgemäß um vieles anregender auf die Schülerschaft, als es in einer Einzelschule älterer Art der Fall war. Die Universität von Paris brachte auch in der Theologie bedeutende Wissenschaftler hervor, um mit Pierre Abaelard, Albertus Magnus, Thomas von Aquin und Bonaventura nur die bekanntesten Namen zu nennen.

Einen weiteren Entwicklungsschub für die mittelalterliche Theologie brachte die Neuerschließung verschollener Texte antiker Wissenschaftler mit sich. Hier ereignete sich im Kleinen, was später die Humanisten im großen Stil betrieben.

1.4 Aristoteles: ein erster Rückgriff auf antike Philosophie macht Probleme

Ein kleiner Teil der logischen Schriften des Aristoteles war in den sprachlichen Fächern der Freien Künste schon enthalten. Der griechische Philosoph stand daher in sehr großem Ansehen, seine Lehre galt als brauchbare Grundlage auch für die christliche Theologie. Für die scholastischen Theologen war er »der Philosoph« schlechthin. Wenn sie schrieben: »Der Philosoph sagt, dass […]«, wurde damit eine unbezweifelbare Autorität zitiert.

Nun wurden mit der Zeit auch bisher unbekannte aristotelische Schriften bekannt.

Ursprünglich auf Griechisch verfasst, wurden sie von syrischen Christen ins Aramäische übersetzt. Diesen aramäischen Text übersetzten später muslimische Gelehrte ins Arabische. An den Kulturgrenzen zwischen den muslimischen Herrschaftsgebieten und den westeuropäischen Staaten wurden die arabischen Übersetzungen »des Philosophen« dann schließlich ins Lateinische übertragen. Der lange Weg des aristotelischen Textes über drei Sprachgrenzen hinweg führte dazu, dass die lateinischen Aristotelestexte alles andere als gut verständlich waren. Trotzdem erweiterten sie den geistigen Horizont des Mittelalters gewaltig.

Dabei kam es aber zu einer enormen Herausforderung der christlichen Theologie. Denn es stellte sich heraus, dass Aristoteles in seinen naturphilosophischen Schriften die Unsterblichkeit der menschlichen Seele bestritt, dass er hingegen die Ewigkeit der Welt behauptete. Im Christentum war jedoch schon früh der biblisch kaum belegbare Gedanke eingedrungen, dass die menschliche Seele unsterblich sei. Die Theorie einer ewigen Existenz der Welt wiederum widerspricht der jüdisch-christlichen Schöpfungslehre.

Nun galt Aristoteles bisher aber als die höchste wissenschaftliche Autorität, weshalb es nicht leicht war, sich seinen neu entdeckten ketzerischen Meinungen zu entziehen. Manche Philosophen waren fasziniert von seinen Ansichten. Daher verbot der Bischof von Paris viermal innerhalb kürzester Zeit (1210, 1215, 1230 und 1231) die Behandlung der aristotelischen naturphilosophischen Schriften an der Universität.

Infolgedessen kam es zur Lehre von der »Doppelten Wahrheit«: Die Aussage, dass die Welt keinen zeitlichen Anfang habe, sei, philosophisch betrachtet, richtig, also wahr. Aber aus theologischer Perspektive sei es richtig, das Gegenteil zu behaupten. Auch die Vertreter dieser Ansicht wurden als Ketzer angesehen.

1.5 Scholastische und monastische Theologie

Der Begriff »scholastische Theologie« bedeutet übersetzt einfach »schulmäßige Theologie«. Aber die Art der Theologie, die an den mittelalterlichen Universitäten betrieben wurde, begann sich nun tendenziell von der Theologie zu unterscheiden, die in den Klöstern beheimatet war. Der Unterschied liegt nicht so sehr in den inhaltlichen Themen, sondern in der Abzweckung der Theologie. Die *scholastische Theologie* an den Universitäten wollte wissenschaftlich im engeren Sinne sein: Sie versuchte nach Möglichkeit zu beweisen, dass christliche Glaubensüberzeugungen *wahr* seien, oder wenigstens *wahrscheinlich*. Denn an den Universitäten standen die Theologen ja in engem Kontakt mit Professoren anderer Fächer, die nicht auf einer göttlichen Offenbarung begründet waren: In der Philosophie gab es Gelehrte, die sich mit Mathematik, Astronomie und anderen naturwissenschaftlichen Themen beschäftigten. Die Medizin behandelte den menschlichen Körperbau, die Krankheiten des Menschen und mögliche Arzneien. Im Jurastudium ging es um die jeweils geltenden Gesetze und um deren richtige Auslegung. In diesen drei Fakultäten beruhte also nichts auf religiösem Glauben, sondern auf Gegebenheiten, die rational analysiert wurden.

Zwar waren im Mittelalter besonders in der Naturkunde noch viele Gedanken enthalten, die später als esoterischer Unsinn verworfen wurden. Die Alchimie war noch nicht streng von der wissenschaftlichen Chemie unterschieden, die Astronomie enthielt noch sehr viel astrologischen Aberglauben. Aber was in diesen Fächern später als unwissenschaftlich verworfen wurde, galt im Mittelalter noch als empirisch begründbar.

Eine durchgehende Beweisbarkeit konnte für die christliche Theologie natürlich nicht geltend gemacht werden. Aber die scholastische Theologie entwickelte doch aus den antiken Ansätzen eine Reihe von Gottesbeweisen. Hier konnten sie eine aristotelische Beweisführung benutzen und ausweiten; aber auch weitere Argumente für die Existenz Gottes wurden entwickelt.

Eine weitere Argumentationsform in der Theologie bestand in dem Versuch nachzuweisen, dass die einzelnen christlichen Lehren streng notwendig auseinander bewiesen werden können. So hatte etwa der frühscholastische Theologe Anselm von Canterbury (um 1033 - 1109) gezeigt, dass aus der augustinischen Lehre von der Sünde notwendig folge, dass der göttliche Logos Mensch werden *musste*. Indem die einzelnen theologischen Vorstellungen auseinander abgeleitet wurden, sollte die christliche Theologie insgesamt als plausibel nachgewiesen werden.

Die an den Klöstern (lat.: monasteria) betriebene *monastische Theologie* unterschied sich nun deutlich von der scholastischen an den Universitäten. Im Kloster lebten Frauen und Männer, die ein gottesfürchtiges Leben ohne weltliche Ablenkung führen wollten. Man musste hier niemanden von der Wahrheit des christlichen Glaubens überzeugen – man wollte ihn in voller Konzentration leben. Monastische Theologie kreiste daher eher um Fragen nach der rechten Gottesverehrung, nach der rechten innerlichen Einstellung des Menschen auf Gott. Die monastische Theologie also war eher betend und meditierend als argumentierend. Die Nonne, der Mönch wollten vor allem sich selbst, ihr Herz erkennen und es reinigen, damit die (mystische) Erfahrung der Gegenwart Gottes sich einstellen kann.

Martin Luther trug beide Seiten der mittelalterlichen Theologie in sich: Die Gewissensskrupel seiner frühen Klosterjahre, aber auch die hoch emotionale Bestreitung von Erasmus Schrift über den freien Willen, zeigen den monastischen Habitus des Klosterbruders, der sich um sein ewiges Heil sorgt und sich bemüht, richtig Buße zu tun. Auch dass sich die Reformation an der Frage des Ablasses entzündete, an einem Anhängsel des persönlichen Bußsakraments, weist auf den monastischen Aspekt von Luthers Denken und Sorgen hin. Aber Luthers zahlreiche und heftige Auseinandersetzungen mit Theologen, die sich der Reformation verweigerten, zeigen an, dass er auch das Werkzeug der scholastischen Argumentation sehr gut beherrschte. Dies wird in der Schrift gegen Erasmus deutlich zutage treten.

Erasmus hingegen war weder ein monastischer noch ein scholastischer Theologe, sondern ein vom Humanismus geprägter. Er war sogar einer der wichtigsten Vertreter dieser Geisteshaltung in Nordeuropa. Bei der folgenden Skizzierung des Humanismus verweisen wir auch auf seine Verbindungen mit der Reformation.

2. Humanismus und Reformation

Der Humanismus entstand im Hochmittelalter, als sich zunächst italienische Künstler und Gelehrte auf die Hochkultur des alten römischen Reiches besannen und daran die Zustände ihrer eigenen Zeit maßen. Sie nahmen sich die Vergangenheit als Vorbild für die zukünftige Erneuerung der Kultur. Schon die Art und Weise, wie an den mittelalterlichen Universitäten Latein gesprochen wurde, empfanden sie als barbarisch, gemessen am Latein eines Cicero und Caesar. Die Scholastiker aller wissenschaftlichen Fächer wurden von ihnen gerne ausgiebig verspottet.

Aus der Wiederbesinnung auf die Antike speiste sich auch die humanistische Kritik an der Kirche. Denn in der Geschichte entdeckten die Humanisten großartige Regenten, edle Senatoren, weise Philosophen – im Vergleich mit ihnen schnitten viele Päpste und Bischöfe schlecht ab. So mancher Amtsträger fühlte sich eher als Herrscher in seinem Amtsbereich denn als Seelsorger. Päpste versuchten, ihren Verwandten gut bezahlte kirchliche Ämter zuzuschanzen, um damit auch ihren eigenen Einfluss zu stärken. Aber auch wenn die Humanisten den Klerus scharf kritisierten, lehnten sie doch die Kirche selbst nicht ab. Viele von ihnen schätzten die Bibel sehr hoch. Die Kirchenväter des vierten Jahrhunderts betrachteten sie als die letzten großen Theologen, gegen welche die Scholastiker ihrer Zeit nicht bestehen konnten.

2.1 Das humanistische Interesse an einem zuverlässigen Bibeltext

Auch und besonders für den ursprünglichen Text der Bibel setzten sich Humanisten ein. Hebräisch und Griechisch verstand im Mittelalter kaum noch jemand. Die Bibel war, wenn überhaupt, nur in einer lateinischen Übersetzung zugänglich. In vielen Kirchen gab es anstatt einer Bibel nur liturgische Bücher, in denen lediglich die wenigen Texte enthalten waren, die für die gottesdienstlichen Schriftlesungen gebraucht wurden.

Die lateinische Bibelübersetzung hatte der Kirchenvater Hieronymus schon im 4. Jahrhundert im Auftrag des Papstes angefertigt. Dabei konnte schon er nicht mehr für jedes biblische Buch auf völlig fehlerfreie Vorlagen zurückgreifen. Er hatte ja nicht mehr die eigenhändigen Briefe des Paulus oder andere Originalschriften zur Hand. Im Mittelalter stimmte keine Bibelhandschrift mehr mit der Originalübersetzung des Hieronymus überein. Denn handschriftliche Kopien enthalten niemals exakt denselben Text wie ihre Vorlagen. Es unterlaufen beim Abschreiben auch jedem noch so geübten Kopisten Lese- oder Schreibfehler, die sich von Textgeneration zu Textgeneration vermehren. Ferner zerschleißen Handschriften mit der Zeit und müssen entsorgt werden. Man kann also nicht einmal mehr auf die frühesten Abschriften zurückgreifen, die näher am Original sind als die jeweils neuesten Kopien.

Angesichts dieses Problems entwickelten die Humanisten die Methode der Textkritik neu. Sie war schon von griechischen Philologen in der Antike betrieben worden, erlosch jedoch während des Niedergangs des römischen Reichs. Mit Hilfe der Textkritik kann man abschätzen, welche Handschrift eines Textes mit größerer Wahrscheinlichkeit mit dem verlorenen Original übereinstimmt als die anderen.

Ihr Interesse an der Bibel brachte die Humanisten auch dazu, sich wieder mit der althebräischen und altgriechischen Sprache zu beschäftigen. Einige Universitäten stellten in der Philosophischen Fakultät Dozenten ein, die diese Sprachen beherrschten. Dasselbe galt für das Fach Geschichte. Diese neuen Fächer, Griechisch, Hebräisch und Geschichte, bildeten den Kern der *studia humaniora*, wovon der Humanismus seinen Namen hat. Der Begriff geht letztlich darauf zurück, dass der römische Philosoph und Politiker Cicero die Sprache als den wesentlichen Unterschied zwischen Menschen (*homines*) und Tieren identifizierte.

Für die Erschließung des griechischen Neuen Testaments hat der Humanist Lorenzo Valla (1406–1457) bedeutende Vorarbeiten geleistet. In seinen *Anmerkungen zum Neuen Testament* zitiert er reichlich aus den selten gewordenen griechischen Handschriften des NT und entwickelt Hinweise für eine Verbesserung der lateinischen Übersetzung des Hieronymus. Das 1505 erschienene Buch motivierte Erasmus von Rotterdam dazu, eine erste griechische Gesamtausgabe des Neuen Testaments zu veröffentlichen. Scholastische Theologen kritisierten ihn dafür heftig, wie wir unten noch sehen werden. Martin Luther jedoch übersetzte das Neue Testament nach der modernen und besten Ausgabe des Erasmus ins Deutsche.

2.2 Humanistische Moralphilosophie

Der schon als biblischer Theologe genannte Lorenzo Valla hat sich auch mit einem etwas verpönten Philosophen beschäftigt, um ihn als ethischen Gesprächspartner wieder seiner Zeit bekannt zu machen. Er hat sich in einem sehr umstrittenen Werk dem Philosophen Epikur angeschlossen, indem er dessen These in die christliche Theologie einbrachte, dass das letzte Ziel des Menschen die »Lust« sei. Man hat die mittelalterlichen Vertreter der epikuräischen Philosophie gerne als Schweine bezeichnet, weil man ihnen einen ganz primitiven Hedonismus unterstellte. Epikur lehrte aber, dass man sein Leben so führen solle, dass man sich durch seine Handlungen möglichst wenig Leid zufügt, sondern möglichst viel (Lebens)freude. Epikur lebte dementsprechend sehr zurückgezogen von der Gesellschaft (um sich nicht in Streitigkeiten verwickeln zu lassen) und sehr enthaltsam (um sich keine Wohlstandsleiden einzuhandeln). Das größte Vergnügen für ihn war ein gemeinsames Essen mit gebildeten Freunden und guter Unterhaltung.

Dass Epikur in den Ruf eines Lüstlings und Wüstlings geriet, lag daran, dass seine Gegner das griechische Wort für »Freude« mit »Lust« übersetzten (was durchaus möglich ist), diesen Begriff jedoch im Sinne von allerlei Ausschweifungen gebrauchten. Auch Luther warf in *De servo arbitrio* seinem Gegner Erasmus vor, dass er »ein Schwein aus der Herde Epikurs«[9] nähre, weil er seiner Ansicht nach die Bischöfe und Päpste zu sehr hofierte. Der »Epikuräer« Valla jedoch war letztendlich nur der Meinung, dass die christliche Hoffnung auf das ewige Leben sich auf eine gesteigerte Form von »Freude« oder »Lust« richte. Dass man als Christenmensch ethisch verantwortlich leben solle, um dieses Ziel zu erreichen, betonte Valla ausdrücklich. Allerdings war er auch ein scharfer Kritiker der asketischen Klostergelübde, weil diese sich nicht biblisch begründen ließen.

Schließlich hat Valla auch ein Buch *Über den freien Willen* verfasst, in dem er die Denkmöglichkeit von Willensfreiheit bestreitet – insofern könnten viele seiner Sätze auch in Luthers *De servo arbitrio* stehen. Allerdings ist er nicht ganz so konsequent, wie Luther es später sein wird. Valla hält die Willensfreiheit zwar nicht für denkmöglich, also auch nicht für begreifbar. Daraus solle man sich jedoch nichts machen. Wie ernsthaft diese Aussage gemeint war, müssen wir offenlassen.

Für die Wiedergeburt des Platonismus schließlich ist an erster Stelle der Humanist Marsilio Ficino (1433 - 1499) zu nennen. Er übersetzte die Schriften Platons aus dem griechischen Original in die lateinische Wissenschaftssprache seiner Zeit und kommentierte manche von ihnen ausführlich. Aber er verfasste ebenfalls einen Kommentar zum paulinischen Römerbrief.

9 Luther, DSA, 233.

III Erasmus von Rotterdam

1. Biografischer Überblick

Erasmus wurde im Jahr 1466 oder 67 geboren. Er war der zweite Sohn des Priesters Gerardus, Sohn eines Elias aus Rotterdam. Seine Mutter Margareta war die Tochter eines Arztes aus Zevenberge. Dass er ein uneheliches Kind war, geht aus einem autobiografischen Text hervor.[10] Weil der Vater Priester war, konnte das Paar nicht heiraten. Dieser Hintergrund von Erasmus' Geburt galt aus kirchlicher Sicht als ein ganz erheblicher Makel. Erasmus konnte daher kein bezahltes kirchliches Amt übernehmen oder ein Theologiestudium ordnungsgemäß mit dem Doktorgrad abschließen. Damit waren ihm viele Möglichkeiten verbaut, sich auch nur den Lebensunterhalt mit einem seiner Begabung entsprechenden kirchlichen oder universitären Amt zu verdienen. Erst eine (sehr teure) päpstliche Unschädlichkeitserklärung (Dispens) im Jahr 1516 nahm diesen Schatten auf seiner Geburt hinweg.

Als seine Eltern 1484 an der Pest starben, setzte die Familie von Gerardus Vormünder über die beiden Jungen ein und übergab ihnen ein bestimmtes Geldbudget, mit dem sie für ihre Zukunft sorgen sollten. Erasmus besuchte zuerst die Lateinschulen der Brüder vom gemeinsamen Leben in Deventer und s'Hertogenbosch (1475-87). Er war ein guter Schüler und fand besonders Gefallen an den alten Sprachen – mit Alexander Hegius hatte er einen bedeutenden Humanisten als Lehrer. Am liebsten wollte er die humanistischen Fächer an einer Universität studieren – aber dafür reichte das Geld nicht aus. Seine Vormünder investierten daher sein restliches Vermö-

10 Vgl. zur Biografie des Erasmus: *K. A. E. Enenkel*, Die Erfindung des Menschen. Die Autobiographik des frühneuzeitlichen Humanismus von Petrarca bis Lipsius, Berlin/New York 2008, S. 490-511. – Zur Einführung in Erasmus' Leben und Werk eignet sich sehr gut Erika Rummel, Erasmus (Outstanding Christian Thinkers), London 2004.

gen in eine Klosterstelle bei den Augustinerchorherren in Steyn. 1487 trat er dort unwillig ein und musste sich dabei zu einem ehelosen Leben verpflichten. 1492 erhielt er dort auch die Priesterweihe.

1493 nahm ihn Hendrik van Bergen, Bischof von Cambrai, als Sekretär in seinen Haushalt auf. Der Bischof hegte die Hoffnung, zum Kardinal geweiht zu werden. Erasmus hatte sich um seine Korrespondenzen und andere Verwaltungsaufgaben zu kümmern. Als sich die Hoffnung auf den Kardinalshut zerschlagen hatten, schickte Bischof Hendrik seinen Sekretär nach Paris, um zu studieren (1495 - 99). Aber es war ein Studium zweiter Wahl. Sein Stipendium galt für das Collège Montaigu, das nicht Teil der berühmten Pariser Universität war, der Sorbonne. Unterkunft und Kost empfand er als abstoßend. Unterrichtet wurde er in scholastischer Theologie, mit den geliebten humanistischen Studien konnte er sich nur nebenher beschäftigen. Eine Zeitlang nahm er zusätzlich adlige Privatschüler an, um etwas Geld zu verdienen. Über deren Eltern konnte er aber auch Kontakte in die gebildete Welt hinein knüpfen, die ihn zunächst nach England führten.

In den Jahren von 1499 bis 1506 lebte er abwechselnd in England, den Niederlanden und in Paris. In England trat er in engere Verbindung mit Thomas Morus (1478 - 1535), einem hoch angesehenen Humanisten, der als Lordkanzler im Dienst von König Heinrich VIII. stand. Dieser König hatte schon wiederholt erreicht, dass der Papst seine Ehe für ungültig erklärte. Als er sich aber zuletzt weigerte, ihm jenen Gefallen noch einmal zu tun, erklärte Heinrich die englische Kirche für unabhängig vom Papst und direkt seiner königlichen Macht unterstellt. Als kirchliches Oberhaupt setzte er den jeweiligen Erzbischof von Canterbury ein. Aufgrund von politischem Widerstand seitens englischer Katholiken forderte der König von jedem Beamten einen Eid darauf, die königliche Oberherrschaft über die Kirche anzuerkennen. Thomas Morus verweigerte diesen Eid. Der König ließ ihn daher 1535 als Hochverräter hinrichten.

1506 - 1509 hielt sich Erasmus in Italien auf, dem Stammland des Renaissance-Humanismus. In der neuen, noch recht unbedeutenden Universität Padua erwarb er in einem Schnellverfahren den theologischen Doktortitel.

Von 1510 bis 1515 weilte er wieder in England, wo er unter anderem als Griechischlehrer an der Universität in Cambridge arbeitete. Danach hielt er sich vorwiegend in Basel auf, reiste aber auch für kürzere Zeiträume in andere humanistische Zentren. 1517/18 war er etwa in Leuwen bei der Gründung des dreisprachigen Gymnasiums beteiligt. Erasmus, Thomas Morus und andere Humanisten hatten den Stifter dazu inspiriert, eine höhere Schule zu gründen, in der nicht nur Latein, sondern auch die zwei anderen klassischen Sprachen Griechisch und Hebräisch erlernt werden konnten.

Als die Stadt Basel evangelisch geworden war, wählte Erasmus das benachbarte Freiburg im Breisgau als seine Wohnstätte (1529 – 1530). Hier wirkte er zugunsten der römischen Kirche. 1535 zog es ihn wieder nach Basel, wo er im Jahr 1536 verstarb.

Im Zusammenhang mit den alten Sprachen hat Erasmus – unabsichtlich – einen bedeutenden Beitrag zur Reformation geleistet. Denn er war es, der den ursprünglichen griechischen Text des Neuen Testaments mühevoll wiederherstellte, wobei er einige wenige der seltenen griechischen Handschriften zugrunde legte. Parallel zum griechischen Text druckte er den lateinischen Text des Hieronymus ab. Er wollte damit zeigen, dass der lateinische Text an vielen Stellen von der ursprünglicheren Fassung abwich. Bei dieser Editions- und Übersetzungsarbeit benutze er auch die Anmerkungen zum Neuen Testament, die Lorenzo Valla 1509 veröffentlicht hatte (vgl. o. S. 36).

Erasmus forderte nicht, dass alle Theologen nur noch den griechischen Urtext bei ihrer Arbeit verwenden sollten. Aber die Übersetzung des Hieronymus aus dem vierten Jahrhundert müsse grundsätzlich überarbeitet werden. Mit dieser Forderung zog er sich viele Feinde zu. Martin Luther jedoch übersetzte 1522 auf der Wartburg das Neue Testament aus der zweiten Ausgabe des griechischen Textes von Erasmus. In der Reformationsbewegung wurde seither gefordert, dass nur der hebräische Text des Alten und der griechische des Neuen Testaments maßgeblich sei für die Lehre der Kirche, während die katholische Kirche noch lange an der verbesserten lateinischen Übersetzung des Hieronymus als theologischer Norm festhielt.

Der aus Luthers Bibelübersetzung resultierende Spruch »Erasmus hat das Ei gelegt, und Luther hat es ausgebrütet« brachte den Humanisten als Mitverursacher der Reformation zur Sprache. Es war kein Wunder, dass Erasmus zunehmend gedrängt wurde, sich von der Reformation deutlich zu distanzieren. Im Jahr 1516 hatte Georg Spalatin, der Sekretär des Herzogs von Kursachsen, dem Humanisten mitgeteilt, dass Luther ihn bewundere. Nur bei den erklärenden Anmerkungen zum Römerbrief habe er den Begriff justitia nicht gut erfasst und die Erbsünde zu wenig berücksichtigt. Die Lektüre von Augustin hätte ihn eines Besseren belehren können. 1518 äußerte sich Erasmus zustimmend über die 95 Thesen Luthers von 1517. Im Jahr darauf schrieb Luther an Erasmus, er möge sich doch öffentlich zur Reformation bekennen. Dieser antwortete ihm, dass seine, Luthers, Schriften und Aktionen hinderlich seien für die humanistische Reform der Wissenschaften. Durch sein Zögern, gegen Luther zu schreiben, geriet Erasmus immer mehr in den Verdacht, die reformatorische Bewegung insgeheim zu befürworten. Sowohl seine Freunde als auch misstrauische Beobachter erwarteten von ihm, dass er schnell seine Beurteilung der reformatorischen Bewegung veröffentlichen sollte. Schließlich beugte er sich dem Druck von Seiten der Altgläubigen und verfasste seine Diatribe über den freien Willen.[11]

2. Diatribe: Über den freien Willen (*De libero arbitrio*)

Als sich Erasmus endlich dazu entschied, gegen Luther zu schreiben, wählte er als Thema das Problem der menschlichen Willensfreiheit. Lesowsky hat darauf hingewiesen, dass Erasmus die Themenwahl nicht leichtgefallen sein konnte. Denn über das Fasten, über die Beichte, das Papsttum und andere Themen hatte er schon selbst kritische Texte publiziert. Wenn er Luther also auf diesem Gebiet angreifen wollte, würde er sich unglaubwürdig machen.[12] Tatsächlich traf er aber mit seiner Themenwahl auch einen für Luther sehr wichtigen Punkt.

Der Wittenberger Theologe bestätigte ihm in seiner Entgegnung, dass er damit tatsächlich den »Dreh- und Angelpunkt« seiner Kritik erfasst habe.[13] Schon in seinen *Assertiones* von 1520 hatte Luther die Freiheit des menschlichen Willens im Zusammenhang mit dem Bußsakrament sehr

11 Vgl. Erasmus, DLA, VII–X.

12 Winfried Lesowsky in der Einleitung zu Erasmus, De libero arbitrio, XI.

13 Luther, De servo arbitrio, S. 659 u. ö.

kritisch behandelt.[14] Auf diese Schrift bezog sich Erasmus in seinem Buch über den freien Willen, *De libero arbitrio*. Er konnte dabei auch schon ein ebenfalls gegen Luther gerichtetes Werk John Fishers, des Bischofs von Rochester, benutzen.[15]

2.1 Einleitende Grundvoraussetzungen der Diatribe

In der Einleitung seiner *Diatribe* betont Erasmus, dass es ihm eigentlich überhaupt nicht liege, sich in leidenschaftliche Diskussionen zu kontroversen Fragen einzumischen. Er habe »so wenig Freude an festen Behauptungen, daß ich leicht geneigt bin, mich auf die Seite der Skeptiker zu schlagen« (DLA, 7).

2.1.1 Erasmus als Skeptiker

Unter dem Begriff *Skeptiker* verstand man in der Antike einen Philosophen, der davon ausging, dass man die Wahrheit über einen Gegenstand oder einen Begriff niemals ganz sicher erfassen könne. Schon die unmittelbare Sinneswahrnehmung könne uns leicht täuschen. Eine Hinführung zu dieser Haltung zeigt das folgende Beispiel: Ein gerader Holzstab sieht, wenn er in ein Glas Wasser gestellt wird, so aus, als sei er an der Wasseroberfläche geknickt. Welche Gestalt hat der Stab nun »wahrhaftig«? Ist er gerade, so wie er uns in der Luft erscheint, oder ist er geknickt, wie wir ihn sehen, wenn er im Wasser steht? In einer Verallgemeinerung dieser Unsicherheit besteht die skeptische Haltung darin, keine letzten Wahrheiten zu behaupten. Natürlich muss auch ein Skeptiker sein Leben führen und sich dabei auf bisherige Erfahrungen mit den Dingen verlas-

14 Martin Luther, *Assertio omnium articulorum Martini Lutheri*/Wahrheitsbekräftigung aller Artikel Martin Luthers, die von der jüngsten Bulle Leos X. verdammt worden sind, in: Martin Luther, Lateinisch-Deutsche Studienausgabe I, 2006, S. 71–217. Vgl. auch Härles Einleitung in diesem Band.

15 John Fisher (1469–1539) verfasste 1523 seine *Assertionis Lutheranae Confutatio*.

sen. Aber er ist sich dabei immer bewusst, dass es sich mit einem Ding, einer Person oder einer Vorstellung doch noch einmal anders verhalten könnte, als man es bisher aufgefasst hat.

Besonders klug ist eine skeptische Grundhaltung natürlich dann, wenn es um ein kompliziertes Problem geht, zu dem es viele Argumente und Gegenargumente gibt. Will man sich in so einem Fall für eine bestimmte Meinung verkämpfen, oder ist man bereit, die Frage nach der *wahren* Lösung offenzuhalten? Erasmus plädiert grundsätzlich für das Offenhalten eines Problems. Allerdings gibt es nach ihm für einen christlichen Skeptiker zwei Grenzen. Man dürfe nämlich nur da unentschieden bleiben,

> »wo immer es durch die unverletzliche Autorität der Heiligen Schrift und die Entscheidungen der Kirche erlaubt ist, denen ich meine Überzeugung überall gerne unterwerfe, ob ich nun verstehe, was sie vorschreibt, oder ob ich es nicht verstehe«. (DLA, 7).

Was die Bibel sagt, muss man nach Erasmus also als Wahrheit annehmen. Dasselbe gilt für die Entscheidungen eines Kirchenkonzils über theologische Streitfragen. Nun gab es aber über das Problem der Willensfreiheit in Sachen des Glaubens bis dato noch keine definitive Entscheidung eines allgemeinen Konzils. Damit fällt die zweite der beiden Autoritäten aus, die Erasmus akzeptieren würde. Wie sieht es aber mit der Bibel aus?

2.1.2 Die Begrenztheit der biblischen Autorität

Die Heilige Schrift wird von Erasmus sehr hochgehalten. Aber sie kann nicht alle Fragen beantworten, mit denen man als Christ und Theologe konfrontiert wird. Auch beim Thema Willensfreiheit verhilft sie nicht dazu, eine definitive Position zu gewinnen. Das sei auch gar nicht ungewöhnlich. Die Bibel lasse nämlich eine ganze Reihe Fragen unbeantwortet, beispielsweise die, wann der Jüngste Tag mit dem Weltgericht komme, oder wie genau die drei Personen und die Einzigkeit Gottes zusammengedacht werden können. Nach Erasmus hat das etwas mit göttlicher Pädagogik zu tun:

> »Es gibt nämlich in der Heiligen Schrift gewisse unzugängliche Stellen, in die Gott uns nicht tiefer eindringen lassen wollte, und wenn wir einzudringen ver-

suchen, tappen wir desto mehr in der Finsternis, je tiefer wir eingedrungen sind, damit wir auf diese Weise einerseits die unerforschliche Majestät der göttlichen Weisheit, andererseits die Schwäche des menschlichen Geistes erkennen.«

Seine Ansicht über die unverständlichen Aussagen der Bibel begründet Erasmus mit einem Pauluszitat aus Röm 11,33:

> »O Tiefe des Reichtums und der Weisheit und der Erkenntnis Gottes, wie unerforschlich sind seine Ratschlüsse, wie unergründlich seine Wege!« (DLA, 11).

Nach Erasmus gehört nun auch das Thema »Willensfreiheit« in die Kategorie der Fragen, die sich biblisch nicht klären lassen. Also fällt auch die zweite theologische Autorität für eine definitive Beantwortung der strittigen Frage aus, und damit kann Erasmus seine skeptische Einstellung Luther gegenüber beibehalten: Er möchte lieber »den Gesprächspartner hervorkehren, nicht den Richter«. Etwas überraschend kann es erscheinen, dass der Humanist dann aber doch versucht, aus den widersprüchlichen Aussagen der Bibel zum Thema der Willensfreiheit eine pragmatische Haltung zu gewinnen, indem man nicht zu sehr grübelt, sondern die traditionellen Heilsmittel gebraucht und sich der Gewissensskrupel entledigt.

2.1.3 Die christliche Glaubenshaltung angesichts der widersprüchlichen Bibel

Wie man sich in der nicht erklärbaren Spannung zwischen Gottes Wirken in uns und unseren eigenen Anstrengungen um das Heil einpendeln soll, beschreibt Erasmus so:

> »Wenn wir uns auf dem Weg der Frömmigkeit befinden, sollen wir mutig nach dem besseren streben, indem wir vergessen, was hinter uns liegt; wenn wir in Sünden verstrickt sind, sollen wir uns mit allen Kräften herauszuarbeiten suchen, sollen wir das Heilmittel der Buße suchen und die Barmherzigkeit Gottes auf jede Weise zu erlangen trachten, ohne die weder der menschliche Wille noch seine Strebungen Erfolg haben; und wenn es etwas Böses ist, wollen wir es uns anrechnen; wenn aber etwas Gutes, wollen wir es zur Gänze der göttlichen Güte zuschreiben.«

Wir sollen im Glaubensleben also nie entmutigt sein, auch wenn wir bemerken, dass wir gesündigt haben. Wir sollen lediglich das Bußsakrament empfangen und alle Kräfte anstrengen, um zukünftig besser zu handeln. Immer, wenn wir den Eindruck haben, in Gottes Augen gut gehandelt zu haben, sollen wir es auf Gott zurückführen; hingegen bei schlechten Taten sollen wir uns selbst die Bosheit zuschreiben.

Wir haben schon gesehen, dass Luther in der Buße keinen Frieden finden konnte, weil er nicht wusste, ob sein Schuldbekenntnis und seine Reue so vollkommen waren, dass er von Gott wieder in Gnade aufgenommen war. Erasmus scheint gegen solche Skrupel immun zu sein. Niemand dürfe daran zweifeln, dass Gott uns verzeiht, weil er ja

> »von Natur aus überaus gnädig ist: Das festzuhalten, sage ich, wäre meinem Urteil nach zur christlichen Frömmigkeit ausreichend, und man hätte nicht mit unfrommer Neugier in jene abgründigen Bereiche, um nicht zu sagen, überflüssigen Fragen, eindringen dürfen, [...] ob unser Wille etwas vermag in den Dingen, die sich auf das ewige Heil beziehen«. (DLA, 13)

Erasmus hat damit eine Glaubenshaltung entwickelt, mit der er leben kann. Er lässt die Frage nach der Freiheit des Willens dahingestellt und tröstet sich mit der zitierten Lebensregel. Ist er sich aber vielleicht bewusst, dass die in der Bibel angeblich offengelassene Frage nach der Willensfreiheit tatsächlich doch negativ beantwortet wird? Die Fortsetzung seiner bisherigen Ausführungen könnte darauf hinweisen.

2.1.4 Willens*un*freiheit als Gefahr für die öffentliche Ordnung

Erasmus weist darauf hin, dass es im christlichen Glauben nicht nur Vorstellungen gebe, die aufgrund ihrer übermenschlichen *Komplexität* ein Geheimnis sind (wie etwa Gottes Dreieinigkeit). Es könnte darüber hinaus auch christliche Lehren geben, die leicht erklärbar und verständlich seien, die aber aus einem ganz anderen Grund das Geheimwissen einiger weniger bleiben müssen:

> Es gibt »Dinge der Art, daß es, auch wenn sie wahr wären und gewußt werden könnten, dennoch nicht förderlich wäre, sie gemeinen Ohren preiszugeben.

> [...] Wenn es für mich feststünde – was nicht der Fall ist –, daß diese Beichte, wie wir sie jetzt haben, weder von Christus eingesetzt wurde noch von Menschen eingesetzt werden konnte und deshalb von niemandem verlangt werden darf, desgleichen, daß eine Genugtuung für die begangenen Sünden nicht erforderlich ist, würde ich mich dennoch scheuen, diese Meinung öffentlich kundzutun, weil ich sehe, daß die meisten Sterblichen in erstaunlichem Maße zu Schandtaten geneigt sind, die jetzt noch irgendwie durch die Notwendigkeit zu beichten gehemmt oder sicherlich gemäßigt werden.« (DLA, 15/17)

Die Meinung, wonach die Beichte in der Art, wie sie im Mittelalter als Sakrament durchgeführt wurde, nicht von Jesus eingesetzt wurde, war schon zur Zeit des Erasmus bekannt. Dass die Beichte von der Kirche den Christen nicht aufgezwungen werden dürfe, wenn sie tatsächlich nicht auf Christus zurückgeführt werden könnte, ist eine überzeugende Schlussfolgerung aus dieser Einsicht. Dennoch würde Erasmus diese Einsicht nicht öffentlich machen, selbst wenn er sie für wahr hielte.

Ein weiteres Beispiel für Wahrheiten, die unterdrückt bleiben sollten, lautet: Es könnte sein, dass ein früheres Konzil der Kirche ein Dogma beschlossen hat, das sich irgendwann als falsch herausstellt. Dann sollte man den Irrtum von damals nicht öffentlich aussprechen. Sonst könnten nämlich die heutigen Christen auf den Gedanken kommen, dass man sich auf die Kirchenväter auch sonst nicht verlassen kann. In solchen Fällen würde Erasmus lieber darauf hinwirken, dass man den damaligen Irrtum in der Gegenwart unauffällig korrigiert (DLA, 17).

Ganz auf dieser Linie spricht sich Erasmus auch über die Willensfreiheit aus:

> »Wir wollen daher annehmen, daß in einem gewissen Sinne wahr sei, was Wiclif lehrte, Luther behauptete, daß, was immer von uns aus geschieht, nicht aus freiem Willen, sondern aus reiner Notwendigkeit geschehe, was gibt es Unzweckmäßigeres, als dieses Paradox der Welt bekannt zu machen?
> Wiederum wollen wir einmal annehmen, es sei in einem gewissen Sinne wahr, was Augustinus irgendwo schreibt, daß Gott sowohl das Gute als auch das Böse in uns wirke, und seine guten Werke in uns belohnt und seine bösen Werke in uns bestraft würden. Ein wie großes Fenster würde diese Behauptung, wenn man sie dem Volke bekanntmachte, unzähligen Sterblichen zur Gottlosigkeit öffnen, besonders bei der [unter den] Sterblichen großen Trägheit, Gedankenlosigkeit,

Bosheit und unverbesserlichen Geneigtheit zu jeder Art von Frevel? Welcher Schwache wird den ewigen und mühevollen Kampf gegen sein Fleisch weiterführen? Welcher Böse wird danach streben, sein Leben zu bessern?« (DLA, 19)

Wir sehen hier überall den Moralisten und Pädagogen Erasmus, der die Menschen für zügellos und dem Bösen zugeneigt hält. Sie müssen dringend im Zaum gehalten werden, und sei es auch durch erfundene »Wahrheiten«. Das dabei aufscheinende pessimistische Menschenbild ist aber natürlich nicht seine Erfindung, sondern ist charakteristisch für das gesamte Mittelalter.

Dasselbe ist der Fall bei dem folgenden Hauptargument des Humanisten gegen den sächsischen Reformator:

2.1.5 Die kirchliche Tradition gegen Luthers Auffassung

Am Schluss der Einleitung seines Buches gibt Erasmus Luther dies zu bedenken: So viele fromme Theologen haben schon vor ihm gelebt, die den freien Willen verteidigten. So viele Universitäten, Konzilien und Päpste haben die Willensfreiheit akzeptiert, während alleine der Theologe John Wiclif und der Humanist Lorenzo Valla die Existenz der Willensfreiheit bestritten haben. Auch an die Leser appelliert Erasmus mit der rhetorischen Frage, ob die Meinung so vieler Personen und Autoritäten nicht schwerer wiege als die Privatmeinung einer oder zweier Personen (DLA, 25). Enno Rudolph lobt Erasmus dafür, dass er den allgemeinen Konsens der Gebildeten als wichtiges Wahrheitskriterium ansetzt, anstatt steile Thesen zu produzieren.[16] In diesem Fall besteht der Konsens in der Tradition der katholischen Kirche. Aber nicht jeder Konsens erweist sich als Wahrheitsgarant. Tiefere Wahrheiten werden oft durch wissenschaftliche Revolutionen erreicht. Und diese ereilt dann nach einigen Jahrhunderten dasselbe Schicksal, wenn neue und bessere Einsichten zugänglich werden.

16 *Enno Rudolph*, Der Europäer Erasmus von Rotterdam. Ein Humanist ohne Grenzen (Schwabe reflexe 58), Basel 2019. Vor allem auf S. 59–67 stellt Rudolph die von Augustinus begründete und von Luther wieder hergestellte Prädestinationslehre und deren »Logik des Schreckens« (62), den »Gnadendespotismus« (64) der Mäßigung der Renaissance-Humanisten gegenüber.

Am Ende seiner einleitenden Bemerkungen seines Buches definiert Erasmus den freien Willen als

> »eine Kraft des menschlichen Wollens […], durch die sich der Mensch dem zuwenden, was zum ewigen Heil führt, oder sich davon abkehre könnte«. (DLA, 37)

Sie liegt den weiteren Ausführungen im Hauptteil zugrunde.

2.2 Die Position des Erasmus

2.2.1 Die biblische Begründung für ein freies Willensvermögen

Interessanterweise kann Erasmus in der ganzen Bibel nur eine einzige Stelle finden, die seiner Definition von Willensfreiheit einigermaßen entspricht – und diese stammt auch noch aus dem apokryphen Buch Jesus Sirach. Am Ende der Vorrede hatte er noch behauptet, dass es sehr viele Stellen gebe, die ganz klar den freien Willen des Menschen beweisen, während es nur einige Stellen gebe, die ihn bestreiten. Die Belegstelle von Erasmus' lautet:

> »Gott schuf im Anfang den Menschen und ließ ihn in der Hand seines Rates. Er fügte seine Gebote und Vorschriften hinzu: Wenn du die Gebote beobachten willst, werden sie dich bewahren, ja, bewahre in Ewigkeit wohlgefällige Treue. Er hat dir vorgelegt Wasser und Feuer. Streck deine Hand aus, wonach du willst. Vor dem Menschen liegen Leben und Tod, das Gute und das Böse, was er will, wird ihm gegeben.« (DLA, 37)

Im Anschluss an dieses Zitat entwickelt Erasmus seine Vorstellung darüber, wie sich die Persönlichkeitsstruktur von Eva und Adam im Lauf der Zeit verändert habe. Im ursprünglichen Schöpfungszustand hatten die beiden noch eine unverdorbene Vernunft, so wie die Engel. Sie konnten daher zwischen dem unterscheiden, was man tun und was man lassen müsse. Zudem hatten sie einen ebenfalls unverdorbenen Willen. Dieser war frei, so dass er, gerade wie er wollte, sich vom Guten abwenden und dem Bösen zuwenden konnte, oder auch nicht.

In diesem Zustand war der Wille auch so frei, dass Adam und Eva *von sich aus* im paradiesischen Zustand der Sündlosigkeit hätten verbleiben können. Gott musste sie dabei nicht unterstützen. Allerdings hätten sie durch den rechten Gebrauch ihrer Willensfreiheit den Zustand des ewigen Lebens nicht erlangen können. Um dieses Ziel zu erreichen, hätte Gott sie mit einer weiteren Gnade beschenken müssen.

Der Mensch war also mit seiner Erschaffung noch nicht fertig entwickelt. Das Leben im Paradies (im Naturzustand) zielt ab auf das ewige Leben bei Gott. Dies alles könne zwar nicht direkt aus der Bibel bewiesen werden, sei aber »von den rechtgläubigen Vätern nicht unglaubwürdig erörtert« worden (DLA, 39/41).

2.2.2 Die Wirkung des Sündenfalls und das Gesetz

Wie alle Christen jener Zeit haben Erasmus und Luther die Schöpfungserzählungen wörtlich verstanden, und dies von einem patriarchalen Kontext aus. Erasmus vermutet, dass bei Eva nicht nur der Wille, sondern auch die Vernunft verdorben worden sei. In Adam hingegen scheine mehr der Wille beeinträchtigt. Denn er habe seine Braut so maßlos geliebt, dass er lieber ihrem Wunsch nach der verbotenen Frucht als dem Gebot Gottes folgte. Allerdings sei wahrscheinlich auch bei ihm die Vernunft beeinträchtigt worden. Durch diese Veränderung sei die Vernunft jedoch nur geschwächt, nicht vernichtet worden. Der Wille hingegen habe sich nach dem Sündenfall und dem damit erlittenen Verlust der Freiheit unter dem Zwang gesehen, der Sünde dienen zu müssen, der er sich ein einziges Mal freiwillig unterworfen hatte.

Dem sündig gewordenen Menschenpaar erwies Gott seine Gnade: Er vergab beiden ihre Sünde, so dass sie durch diese Gnadenunterstützung wieder im richtigen, sündlosen Zustand waren. In diesem hätten sie nun auch wieder verbleiben können, so wie sie auch im Urzustand nicht notwendig sündigen mussten. Aber jetzt war die Möglichkeit der Vermeidung weiterer Sünde erschwert. Denn trotz der göttlichen Vergebung sei aufgrund der ersten Sünde doch noch eine gewisse Neigung zum Bösen in ihnen zurückgeblieben. Diese Neigung sei von Adam und Eva auf alle Nachfahren übertragen worden, und so gab es in der Menschheitsgeschichte keinen Menschen, der nicht früher oder später das erste Mal im Leben eine Sünde beging – mit der einzigen Ausnahme Jesu (DLA, 41/43).[17]

Aber auch bei allen Nachkommen des ersten Menschenpaares wurde die Kraft des Willens nicht vollständig vernichtet, sondern nur darin geschwächt, das Gute zu wählen. Auch sie können immer wieder um Vergebung bitten und die vergangene Schuld damit hinter sich lassen. Wie aber kann überhaupt erkannt werden, was gut sei?

Hier kommt der Begriff des Gesetzes in Betracht. Alle Menschen, auch die außerhalb des Volkes Gottes und der Kirche, besitzen das *Gesetz der Natur*. Es sei ihnen im Herzen tief eingeprägt und laute: »Tu niemandem etwas, was du selbst nicht erleiden möchtest« (DLA, 43). Dieses Gesetz entspreche auch der Erkenntnis, die Adam und Eva nach dem Sündenfall noch hatten.

Das Volk Israel hingegen habe ein *Gesetz der Werke*, nämlich die Gebote Gottes durch Mose, zusammengefasst in den Zehn Geboten.

Schließlich gebe es noch ein *Gesetz des Glaubens*, das in der jesuanischen Bergpredigt bestehe, vor allem in solchen Spitzensätzen wie »Liebe deine Feinde!« (DLA, 45/47).

Erkennen kann also jeder Mensch in unterschiedlicher Weise, was gut ist oder nicht. Aber kann er es auch befolgen? Denn die Neigung zum Bösen bleibt ja durch die Erbsünde ein Leben lang bestehen. Schafft der Mensch die Überwindung dieser Neigung durch den freien Willen allein? Erasmus verneint diese Frage. Denn ohne göttliche Unterstützung könne kein Mensch wirklich dem Gesetz entsprechen. Der Begriff für diese göttliche Unterstützung ist die Gnade.

Im nächsten Abschnitt seines Buches skizziert Erasmus die verschiedenen Theorien, die es innerhalb der katholischen Kirche bezüglich des Verhältnisses der Lehre von der Willensfreiheit und der göttlichen Gnade gegeben hat.

17 Vgl. o. S. 19 f.

2.2.3 Mögliche Bestimmungen des Verhältnisses von menschlicher Willensfreiheit und göttlicher Gnade

Der Mönch *Pelagius* (350/360 - 418/420) sprach nach Erasmus der Willensfreiheit große Wirksamkeit zu. Deswegen wurde er aus der Kirche ausgeschlossen. Er nahm an, dass ein Mensch, wenn er *einmal* durch die Gnade von der Sünde befreit worden sei, alleine durch seinen eigenen freien Willen das ewige Heil erreichen könne. Zumindest schwere Sünden müsste ein Mensch damit aus eigener Kraft vermeiden können.

Über *Johannes Duns Scotus* (ca. 1266 - 1308) berichtet Erasmus, dass er den freien Willen als noch wirksamer beurteile als Pelagius: Ein Mensch könne »ohne noch die Gnade empfangen zu haben, die die Sünde tilgt, mit den Kräften der Natur sittlich gute Werke« verrichten. Durch diese Werke habe er sich einen gewissen Anspruch auf die weiterführende Gnade verdient (DLA, 49/51)[18].

Die dritte Position werde von *Augustinus* vertreten (354 - 430). Er bestreite, dass ein Sünder von sich aus irgendetwas tun könne, was zu seinem Heil beitrage. Nach Augustin sei es ein völlig »unverdientes Geschenk Gottes« an einen Menschen, dass dieser sich Gott überhaupt zuwenden könne. Daher sei auch der Glaube eine reine Gabe Gottes (DLA, 51/53). Augustin habe dementsprechend auch als Bischof den Kirchenausschluss von Pelagius veranlasst.[19]

Im Anschluss an diese kirchlichen Gnadentheorien kommt Erasmus zu einer eigenen Abstufung von vier Arten der Gnade:

Die unterste Stufe der Gnade ist eine »*angeborene*«, durch die Sünde verletzte, aber nicht ausgelöschte Gnade. Mit Hilfe dieser ersten Gnade können Menschen sprechen oder schweigen, sitzen oder aufstehen, eine Predigt hören oder nicht. Diese Gnade sei allen Menschen gemeinsam, weshalb sie im Allgemeinen gar nicht Gnade genannt werde, sondern *natürlicher Einfluss* (DLA, 53/55).

Die zweite Gnade (also die erste wirkliche Gnade) sei die »*besondere* Gnade«. Sie werde von Gott aufgrund seiner Barmherzigkeit dem Sünder

18 Lesowsky weist hier zu Recht darauf hin, dass Johannes Duns Scotus mit seiner Lehre dem freien Willen nicht mehr, sondern weniger Wirksamkeit zuschrieb als Pelagius.

19 Vgl. o. S. 18.

angeboten und solle zum Guten »anstacheln«. Wenn der Mensch die besondere Gnade annimmt und sich nicht gegen sie sperrt, erkennt er seine sündige Natur, und daher missfällt er sich selbst. Außer dieser negativen Selbsterkenntnis bewirkt die besondere Gnade allerdings nichts Weiteres, also auch noch nicht die Vergebung der Sünde (DLA, 55/57).

Erst die dritte Gnade, die »*mitwirkende* Gnade«, tilgt am Menschen die Sünden und macht ihn vor Gott angenehm. Die mitwirkende Gnade wird in einem Menschenleben immer wieder notwendig, weil der sündlose Zustand nicht dauerhaft aufrechterhalten werden kann. Die mitwirkende Gnade versetzt den Menschen also immer wieder in den Zustand, dass er nicht mehr notwendig sündigen *muss*. Aber weil der angeborene Hang zum Bösen immer noch in ihm bleibt, so lange er lebt, begeht er früher oder später *faktisch* doch wieder neue Sünde.

Die *zielführende* oder *vollendende* Gnade ist schließlich diejenige, die den Menschen in den Stand setzt, am Ende seines Lebens ohne die Belastung durch schwere Sünde zu sterben (DLA, 57).

Bei dieser Differenzierung der Gnade steht das katholische Verständnis der Sakramente im Hintergrund. Die *besondere Gnade* – die erste wirkliche Gnade – ist allerdings noch nicht an ein Sakrament gebunden. Sie dient lediglich dazu, dass der Mensch sich als Sünder erkennen kann. Das kann beim Hören einer Predigt oder bei der ehrlichen Selbstreflexion geschehen.

Wenn die besondere Gnade wirkt, erzeugt sie den Wunsch nach der Umkehr zu Gott, der, je nachdem, zur Taufe oder zum Bußsakrament führt. Bei der Taufe erhält der Täufling das erste Mal die *wirksame Gnade*, im Bußsakrament empfängt sie der Getaufte erneut. Jedes Mal befreit das Sakrament von der bisherigen Sünde. Allerdings begeht jeder getaufte Christ immer wieder neue Sünden, so dass weitere *wirksame Gnadenakte* seitens Gottes durch das Beichtsakrament notwendig werden.

Die *zielführende bzw. vollendende Gnade* ist auf das Sterbesakrament bezogen. Dabei findet eine letzte Beichte und die Krankensalbung statt. Dieses letzte Sakrament ist das wichtigste unter allen. Stirbt man nämlich mit einer sakramental unvergebenen schweren Sünde, verfällt man der Höllenstrafe, auch wenn man getauft war und sonst regelmäßig zur Beichte ging.

Am Ende der theologischen Einführung seines Buches beschreibt Erasmus noch *drei verschiedene Positionen*, wie das Verhältnis von menschlichem und göttlichem Handeln bei der Entstehung und Aufrechterhaltung des Glaubens in der Gegenwart bestimmt worden ist:

Erstens gebe es Theologen, die sich von Pelagius eindeutig distanzieren und »das meiste auf die Gnade zurück[führen], auf den freien Willen beinahe nichts, ohne ihn [jedoch] völlig zu beseitigen«. Diese Position trifft nach Erasmus am ehesten die Wahrheit.

Härter erscheint ihm *zweitens* das Urteil derjenigen, nach denen der freie Wille zu nichts fähig sei, außer zum Sündigen. Hier wirke die Gnade alleine alles Gute und zwar nicht durch den freien Willen oder in Zusammenarbeit mit dem freien Willen. Der menschliche Wille sei vielmehr nichts anderes als Wachs, das von einem Künstler in eine beliebige Gestalt gebracht werden kann. Alleine der Künstler entscheidet, was aus der formlosen Masse werden soll.

Am allerhärtesten empfindet Erasmus *drittens* die Anschauung, dass der Begriff »Willensfreiheit« lediglich ein leeres Wort sei. Nach dieser Meinung bewirke Gott selbst alles Gute und Böse in uns und außerdem geschehe alles aus reiner Notwendigkeit (DLA, 59).

Diese drei Positionen können vereinfacht also so dargestellt werden:

1. Bei der Glaubensentstehung hat der freie Wille des Menschen einen minimalen Beitrag zu leisten, Gottes Gnade hingegen den Löwenanteil.
2. Bei der Glaubensentstehung kann der freie Wille des Menschen keinerlei Beitrag leisten. Die Willensfreiheit kann lediglich zwischen Sünde A und Sünde B, C, ... entscheiden.
3. Es gibt überhaupt keine Willensfreiheit. Die ganze Weltgeschichte, im Großen und im Kleinen, verläuft vollständig determiniert durch Gottes Willen alleine. Gott weiß daher jetzt schon jedes einzelne Detail der Weltgeschichte im Voraus.

Mit den beiden letztgenannten Ansichten möchte sich Erasmus im Rest seines Buches kritisch auseinandersetzen. Ganz am Ende möchte er dann die erste der drei Positionen als die richtige beweisen. Das geschieht durchgängig anhand ausgewählter biblischer Texte.

In einem ersten längeren Abschnitt erläutert er biblische Texte, die seiner Meinung nach *für* Willensfreiheit sprechen (DLA, 59–91). Seine Argumentation folgt dabei einer immer gleichen Grundstruktur: Gott habe dieses und jenes Gebot erlassen. Daher müsse es zumindest einen Rest von menschlicher Willensfreiheit geben. Denn wäre dies nicht der Fall, sei es völlig sinnlos, dass Gott überhaupt Gebote erlasse. Diese Argumentation entspricht seiner schon oben beschriebenen Auslegung der zitierten Stelle aus dem Buch Jesus Sirach.

In einem zweiten Teil behandelt Erasmus diejenigen Stellen, die *scheinbar gegen* die Freiheit des menschlichen Willens sprechen (DLA, 91 - 157).

2.2.4 Erasmus' Umgang mit biblischen Texten gegen die Willensfreiheit

Eine besonders harte Nuss stellen für ihn dabei die Kapitel 9 - 11 des Römerbriefs dar. Sie enthalten die paulinische Anschauung, dass Gott sich den Menschen in verschiedenen geschichtlichen Etappen immer deutlicher offenbart. Zunächst wird Abraham dazu erwählt, der Stammvater eines Volkes zu sein, mit dem Gott in ein Bundesverhältnis tritt. Aber schon am Ende der Abrahamgeschichte wird deutlich, dass in fernerer Zukunft alle Völker sich mit dem Namen von Abrahams Gott segnen werden (Gen 12,3; 22,18). Diese Öffnung des Bundes für die Nichtisraeliten wird schon im Jesajabuch deutlich beschrieben, aber auch in anderen prophetischen Texten. Diese Ankündigungen der Propheten sind für Paulus besonders wichtig geworden. Er vertritt in Röm 9 - 11 selbst, mit eigenem prophetischen Anspruch, eine heilsuniversalistische Position: Gott habe den Unglauben der zur Zeit Jesu lebenden Juden zugelassen, damit das Evangelium von Anfang an auch schon den anderen Völkern verkündet werde. Denn mit Christi Auftreten habe sich die jesajanische Prophetie erfüllt, dass auch die nicht-jüdischen Menschen in den Bund mit Gott eintreten. Zur biblischen Untermauerung dieser Anschauung bezieht sich Paulus auf die Erzählung Israels aus der ägyptischen Sklaverei. Damals habe Gott den Pharao verstockt (im Unglauben verhärtet), um die göttliche Macht so deutlich wie möglich zu machen und die Aufmerksamkeit der Völker auf Israel zu lenken. Analog dazu seien die jüdischen Zeitgenossen Jesu verstockt worden. Dies aber nur für eine gewisse Zeit, um den Übergang der Botschaft Jesu aus dem jüdischen Kulturbereich in die gesamte Menschenwelt zu ermöglichen. Am Ende der Geschichte wird nach Paulus auch ganz Israel wieder in den Gottesbund eintreten. Bezüglich der nicht-jüdischen Menschen gibt es derzeit noch eine Auseinandersetzung über die Frage, ob auch sie *alle* in den Bund eingeschlossen werden oder nur *einige* von ihnen. In diesem Abschnitt des Römerbriefs werden also die Willensentscheidungen der betroffenen Menschen durch Gottes zeitweilige Verwerfung und seine endgültige Erwählung bestimmt.

Erasmus versucht diese paulinischen Ausführungen zu relativieren, zum Teil unter Berufung auf den Kirchenvater Origenes. Das gelingt jedoch nur schlecht. Denn auch Origenes kam bei seinem Erklärungsversuch nur zu Ad-hoc-Behauptungen. Die Verhärtung Pharaos durch Gott wird bei diesem Kirchenvater als eine gerechte Strafe aufgefasst, und zwar dafür, dass er vorher schon eine Frist zur Reue erhalten habe, diese aber nicht genutzt habe. Damit will Origenes die ausbleibende Reue des Pharaos als einen hinreichenden Grund für die Strafe der Verhärtung darstellen. Das Gotteswort an Pharao, »gerade dazu habe ich dich aufgeweckt«, nämlich dazu, die Israeliten nicht in die Freiheit ziehen zu lassen, deutet Origenes um. Der Vers weise nicht darauf hin, dass Gott die Weigerung des Pharao bewirkt habe. Denn sonst hätte Gott sagen müssen: »dazu habe ich dich erschaffen« (DLA, 93/95). Warum Origenes diese und andere Verse geradezu gegen den eigentlichen Wortsinn interpretiert, versucht Erasmus so zu begründen:

> »Weil es [...] als unsinnig erscheint, daß Gott, der nicht nur gerecht, sondern auch gut ist, das Herz des Menschen verhärtet haben soll, um durch dessen Bosheit seine Macht zu erweisen.« (DLA, 91/93)

Damit tragen sowohl der Kirchenvater als auch Erasmus lediglich den so genannten »gesunden Menschenverstand« in den Bibeltext ein und machen sich das vorliegende Problem sehr leicht (DLA, 97/99). Paulus hingegen interpretiert im Römerbrief die Stelle aus dem Exodusbuch so, dass er die Härte geradezu emphatisch betont: »Wer vermag seinem [Gottes] Willen zu widerstehen, wenn er sich erbarmt, wessen er will, wenn er verstockt sein lässt, wen er will?« Die logische Korrektur nach dem gesunden Menschenverstand weist Paulus explizit ab: »O Mensch, wer bist denn du, dass du mit Gott rechten willst?« Allerdings, und das wird auch heute noch recht wenig beachtet, ist für Paulus die zeitweilige Verstockung von Menschen nur eine vorübergehende Maßnahme, um die weitere Ausbreitung des Evangeliums zu forcieren. Wir werden darauf ganz am Schluss noch einmal zurückkommen.

2.2.5 Der erasmische Standpunkt

Zum Schluss entwickelt Erasmus seine eigene Ansicht. Auch er will den Glauben und damit die ewige Seligkeit hauptsächlich auf Gottes Gnadengeschenk zurückführen, jedoch auch der menschlichen Willensfreiheit eine untergeordnete Bedeutung beimessen (DLA, 159–195). Das entspricht der ersten Position in Abschnitt 2.2.3, o. S. 54.

Er erläutert seine Grundannahme, dass ohne die Willensfreiheit des Menschen von Gottes Gerechtigkeit und Barmherzigkeit nicht mehr die Rede sein könne. Wenn Gott manche Menschen bestrafe, andere hingegen nicht, sei dies reine Willkür (DLA, 169). Wenigstens einen Funken Willensfreiheit müsse es also geben.

Aber zusammen mit Luther und seinen Gesinnungsgenossen will auch Erasmus

> »den ersten Anstoß, durch den das Herz angeregt wird, gänzlich der Gnade zuschreiben und nur im weitern Verlauf einiges dem Wollen des Menschen zuschreiben, das sich nicht der Gnade Gottes entzogen hat«. (DLA, 171)

Am *Beginn* des Glaubenslebens gilt also, dass die *Gnade allein* den Glauben erweckte. Nur im weiteren Verlauf des Lebensweges, zwischen Taufe und Sterbesakrament, müssen zwei Ursachen zusammentreffen, wenn der Mensch nicht aus dem Heil herausfallen soll. Diese zwei Ursachen sind die Gnade Gottes als Erstursache, und der menschliche Wille als Zweitursache. Die Zweitursache könne jedoch ohne die Erstursache nichts bewirken (DLA, 171/173).

Erasmus stellt sich damit vor, dass ein Mensch in seinem Glaubensleben, abgesehen vom ersten Anfang, immer wieder von Gottes Gnade auf einen neutralen Standpunkt versetzt wird, von dem aus er dann frei entscheiden kann, ob er Gott zugewandt bleiben möchte oder nicht. Oder anders ausgedrückt: Nach jedem Vollzug des Bußsakraments ist der Mensch wieder frei zum Gut-Bleiben oder zum Böse-Werden.

Nach Erasmus soll der Mensch dabei sein Heil gänzlich der göttlichen Gnade zuschreiben, weil der Beitrag des freien Willens sehr gering sei. Streng sachlich betrachtet, ist diese Ausdrucksweise falsch. Denn mag der Beitrag des freien Willens noch so klein sein, und Gottes Gnade noch so stark – letztendlich kommt es für das ewige Heil doch darauf an, dass der kleine Beitrag des freien Willens stattfindet. Damit gibt es also zwei Faktoren, die in die Rechnung eingehen müssen, denn auch wenn der sehr viel kleinere Faktor der willensfreien Entscheidung fehlt, kann das Ziel des ewigen Heils nicht erreicht werden. Vielleicht hat Erasmus diese Argumentationslücke selbst bemerkt, denn er fügt noch ein weiteres Argument hinzu: Da der freie Wille ohnehin ein *Geschenk Gottes* sei, sowohl bei der Schöpfung, aber auch bei der Vergebung der Sünde, solle man sein Heil ganz der göttlichen Gnade zuschreiben. Aber auch wenn das übergroße Geschenk Gottes nur durch ein noch so kleines Maß an *freiwilliger Annahme* geknüpft ist, bleibt dieser Akt des Menschen doch die Voraussetzung für das ewige Heil, und damit ein Werk des *Menschen selbst*. Denn ohne korrekte Annahme des Geschenkes bleibt die göttliche Gnade wirkungslos.

Mit einem Gleichnis drückt Erasmus den Sachverhalt so aus: Ein gesunder Mensch könne in der Finsternis nicht sehen, wohl aber bei Tag. Ein Blinder hingegen könne auch am Tag nichts erkennen. Erasmus vergleicht nun das Tageslicht beim Sehen mit der göttlichen Gnade beim Glauben: Jeder Gesunde sieht bei Tag seine Umwelt – nicht aber, wenn er willentlich die Augen verschließt. Im Glaubensleben ermöglicht die Gnade Gottes jeden Anfang und Neuanfang nach einer Sünde – aber nur, wenn man sich mit seinem winzigen Quäntchen Willensfreiheit der stets angebotenen (leuchtenden!) Gnade der Vergebung nicht verschließt. Gerade darin liege die Verantwortung des Menschen, sich der von Gott her leuchtenden Vergebungsgnade nicht zu verschließen. Ein zweites sehr berühmtes Gleichnis lautet so:

> »Der Vater hilft dem Kind, das niedergefallen ist, weil es noch nicht gehen kann, auf, da es sich ja auf jede Weise anstrengt, und zeigt ihm einen vor es hingelegten Apfel. Das Kind will darauf zulaufen, aber wegen der Schwäche der Glieder würde es bald von neuem fallen, wenn der Vater ihm nicht die Hand entgegenstreckte, es stützte und seine Schritte lenkte. Daher gelangt es unter Führung des Vaters zum Apfel, weil der Vater ihn jenem willig in die Hand gibt gleichsam als Belohnung für das Laufen. Aufrichten hätte sich das Kind nicht können, wenn es der Vater nicht aufgehoben hätte, es hätte den Apfel nicht gesehen, wenn der Vater ihn nicht gezeigt hätte, es hätte nicht da-

rauf losgehen können, wenn der Vater nicht ständig seine unsicheren Schritte unterstützt hätte, es hätte den Apfel nicht ergreifen können, wenn der Vater ihn dem Kind nicht in die Hand gegeben hätte. Was wird das Kind hier für sich in Anspruch nehmen? Und doch hat es nicht nichts getan, es hat aber doch nichts, wessen es sich aus eigenen Kräften rühmen könnte, weil es sich selbst gänzlich dem Vater verdankt.« (DLA, 175)

Als Gleichnis dafür, wie Erasmus der Gnade am meisten, dem Willen des Menschen aber nur sehr wenig zuschreiben will, um das ewige Heil zu erreichen, ist diese Beschreibung sehr anschaulich. Aber veranschaulicht sie tatsächlich die Position, die Erasmus vertreten möchte? Der Humanist will das Heil doch *gänzlich* der göttlichen Gnade zuschreiben. Wie Erasmus das Beispiel schildert, gewinnt man tatsächlich den Eindruck, dass der Vater den Willen des Kindes klar erkennt; und er erkennt auch dies, dass das Kind seinen Willen gar nicht selbst durchsetzen kann, weil es die notwendigen Bewegungen noch nicht beherrscht. Handelt hier also nicht der Vater für das Kind im Sinne des Kindes, aber völlig ohne die Kraft des Kindes? Würde das aber nicht eher die Position Luthers beschreiben?[20]

Im nächsten Kapitel/Abschnitt wenden wir uns der Entgegnung des Wittenberger Theologen zu.

20 Vgl. u. S. 71 sowie Abschnitt 2.2.2, S. 79–83.

IV Martin Luther: Über den geknechteten Willen *(De servo arbitrio)*

Wie wir gesehen haben, hatte sich Erasmus bereits zu bestimmten Punkten der Kirchenpraxis kritisch geäußert, wie etwa zum Fasten, zu den Bußwerken und zum Papsttum. Um jedoch als ein glaubhafter Gegner Luthers auftreten zu können, musste er nun tiefer in die theologische Reflexion einsteigen. Beim Thema »Gnade und Freiheit« sieht er das eigentliche Interesse Luthers und gleichzeitig auch die am tiefsten greifende Differenz zwischen sich und ihm bestehen. Wie gut Erasmus die Wichtigkeit dieses Themas erfasst hat, stellt Luther am Ende seines Buches auch anerkennend fest, wenn er bemerkt:

> »Dann lobe und preise ich dich auch deswegen außerordentlich, dass du als einziger von allen die Sache selbst angegangen bist, das heißt: den Inbegriff der Verhandlung, und mich nicht ermüdest mit jenen nebensächlichen Verhandlungen über das Papsttum, das Fegfeuer, den Ablass und ähnliche Verhandlungsgegenstände – oder vielmehr: dummes Zeug –, mit denen mich bisher fast alle vergeblich verfolgt haben. Nur du allein hast den Dreh- und Angelpunkt der Dinge gesehen und den Hauptpunkt selbst angegriffen, wofür ich Dir von Herzen Dank sage.« (DSA, 659)

Im Folgenden werden wir Luthers theologische Einsichten und Überzeugungen nachzeichnen, die in *De servo arbitrio* enthalten sind. Auch wenn sich aus dieser Schrift kein vollständiges Bild von Luthers Theologie ergibt, können wir dabei doch zentrale theologische Zusammenhänge in seinem Denken herausarbeiten. Wir werden dabei auch immer wieder auf einzelne Gedanken des Erasmus zurückkommen und Luthers Entgegnungen darauf festhalten.

1. Luthers Antwort auf die erasmischen Grundvoraussetzungen

1.1 Luther als Anti-Skeptiker

Gleich zu Beginn seines Buches hält Luther der skeptischen Haltung des Erasmus entgegen, dass »der Heilige Geist [...] kein Skeptiker« sei. Auch wenn beide Kontrahenten dem Thema Willensfreiheit eine große Bedeutung beimessen, ergibt sich aus der Frage über den richtigen Umgang mit ihm bereits die erste Differenz. Erasmus plädierte dafür, dass ein theologisch so kontrovers diskutiertes Thema ausschließlich in theologischen Fachkreisen behandelt werden dürfe. Das Volk hingegen solle man nicht damit beschweren, da die Bestreitung der Willensfreiheit das sittliche Streben der Ungelehrten behindern könnte (vgl. DLA, XII). Luther erscheint es dagegen als unerträglich, das Volk in solch einer existenziellen Glaubensfrage einfach im Ungewissen zu lassen:

> »Was für einen Zweck hat das, dass du Bestimmtes als für die öffentliche Verbreitung nicht geeignet beurteilst? Ob du das Thema des freien Willensvermögens darunter zählst?« (DSA, 263)

Erasmus stelle das Thema als ein Problem dar, das die einfachen Christen gar nicht berühren müsse. Dagegen betont Luther die existenzielle Dringlichkeit der Frage, in der er die skeptische Haltung für unmöglich hält:

> »Kurzum, du behandelst die Sache so, als ob es dir in der Auseinandersetzung mit mir um eine Klage um gefundenes Geld ginge oder um irgendeine andere ganz bedeutungslose Sache. Durch deren Verlust – weitaus wertloser als der äußere Friede – dürfte auch nicht irgendeiner so bewegt werden, dass er nicht je nach Gelegenheit nachgebe, handle und erdulde. Die Welt soll schließlich nicht unnötig in Unruhe versetzt werden. Damit zeigst du offen an, dass du diesen Frieden und die Ruhe des Fleisches wohl als weit wichtiger einstufst als den Glauben, als das Gewissen, als das Heil, als das Wort Gottes, als die Ehre Christi, als Gott selbst. Daher sage ich dir – und ich bitte dich, dir dies ganz tief ins Bewusstsein dringen zu las-

> sen! –: Mir geht es um eine ernste, notwendige und ewige Sache. Die ist so beschaffen und so bedeutend, dass sie auch durch den Tod hindurch als Wahrheit bezeugt und verteidigt werden muss, auch wenn die ganze Welt nicht nur bedrängt und in Unruhe versetzt werden muss, sondern darüber hinaus in ein einziges Chaos stürzte und zunichte würde. Wenn du das nicht verstehst oder davon nicht berührt bist, mach deine Sache und lass es jene begreifen und sich davon berühren, denen es Gott gegeben hat.« (DSA, 267)

Bereits an dieser Stelle wird deutlich, welche wichtige Rolle Luthers eigene Erfahrungen bei seiner Argumentation spielen, die er im Laufe seines Lebens mit der Rechtfertigungsthematik gesammelt hat. So ist es für Luther auch deutlich schwerer, diese Streitfrage in völliger wissenschaftlicher Nüchternheit aufzunehmen, um die sich Erasmus so sehr bemüht hatte. Auch wenn Erasmus in DLA gelegentlich polemisch wird, nimmt die Schärfe des Tones bei Luther deutlich zu.

1.2 Die Autorität der Bibel

Erasmus hatte ja behauptet, dass es in der Bibel sehr dunkle Andeutungen zu manchen Themen gebe, weshalb man sich davor hüten müsse, eindeutige Behauptungen oder gar Lehrsätze auf diesen Gebieten zu formulieren. Dem widerspricht Luther heftig.

> »Dass es […] in der Schrift einiges Dunkle gebe und nicht alles zugänglich sei, ist durch die gottlosen Sophisten verbreitet worden.« (DSA, 235).

Die Sophisten waren angesehene Weisheitslehrer in der griechischen Antike. Später standen sie in dem nicht ganz unverdienten Ruf, dass sie rhetorisch so geschickt seien, dass sie jedem noch so umstrittenen Vorschlag vor Gericht oder in der politischen Ratsversammlung eine Mehrheit beschaffen konnten. Gegebenenfalls konnten sie auch eine gut begründete Gegenmeinung durch ihre Wortgewandtheit zu Fall bringen. Die Humanisten und mit ihnen auch Luther betrachteten die mittelalterlichen Theologen und Amtsträger an der römischen Kurie als eine neue Form von Sophisten. Und »mit deren Zunge sprichst auch du hier, Erasmus«

(DSA, 235)[21], wirft Luther seinem Kontrahenten vor, der dies als schwere Beleidigung auffassen muss.

Zwar gesteht auch Luther zu, dass es viele *einzelne* unverständliche Stellen in der Bibel gebe, vor allem im Alten Testament, weil manche althebräischen Worte und Satzkonstruktionen nicht mehr eindeutig übersetzt werden könnten. Aber dies sei irrelevant, weil die Heilige Schrift in ihrem Gesamtzusammenhang völlig eindeutig sei:

> »Wenn die Worte an einer Stelle undeutlich sind, sind sie doch an einer anderen Stelle klar. Ein und dieselbe Sache aber, ganz deutlich der ganzen Welt erklärt, wird in der Schrift mal mit klaren Worten ausgesagt, mal verbirgt sie sich bisher hinter undeutlichen Worten. Nun macht es nichts, wenn die Sache am Licht ist, ob irgendein Zeichen in Dunkelheit liegt, weil ja unterdessen viele andere ihrer Zeichen am Licht sind. Wer würde sagen, ein öffentlicher Brunnen sei nicht am Lichte, bloß weil die, die in einer Seitengasse stehen, ihn nicht sehen, alle anderen aber die auf dem Markt stehen, ihn sehen?« (DSA, 237)

Die im Bibel*text* enthaltenen Aussagen sind also nach Luther völlig eindeutig. Anders aber sehe es bei den Lesern der Bibel aus. Bei diesen bleibe tatsächlich vieles unklar, aber dies sei nicht verursacht »durch die Undeutlichkeit der Schrift, sondern durch die Blindheit und den Stumpfsinn derer, die nichts tun, um die überaus klare Wahrheit zu sehen.« (DSA, 237)

Auch diese Wendung dürfte sich auf die Reformationsgegner beziehen, welche die Möglichkeit hätten, die Klarheit der biblischen Aussagen zu verstehen, die sich aber weigern, dies auch zu tun.

Die Wahrheit des Evangeliums muss also an zwei Orten vorliegen, damit sie sich in der Welt durchsetzen kann. Am Ort der biblischen Offenbarung ist diese Wahrheit vorhanden, wenn man sie nur sehen wollte. Aber nicht jeder will diese Wahrheit geistig nachvollziehen – und kann dies nach einer Weile vielleicht auch nicht mehr. An dieser Stelle entspringt Luthers berühmte Lehre von der doppelten Klarheit der Schrift:

21 Wollte man Luthers Begriff von Sophist mit seinen affektiven Nebentönen mit einem heute gebrauchten Wort wiedergeben, wäre etwa »Winkeladvokat« oder »Rechtsverdreher« passend.

»Doppelt ist die Klarheit der Schrift, wie auch die Dunkelheit doppelt ist: Eine ist äußerlich im Amt des Wortes gesetzt, die andere in der Kenntnis des Herzens gelegen. Wenn Du von der inneren Klarheit sprichst, sieht kein Mensch auch nur ein Jota in den Schriften, es sei denn, er hätte den Geist Gottes. Alle haben ein verdunkeltes Herz, so dass sie auch dann, wenn sie alles von der Schrift vorzubringen behaupten und verstehen, dennoch für nichts davon Gespür haben oder wahrhaft erkennen. Und sie glauben nicht an Gott und nicht daran, dass sie Geschöpfe Gottes sind, noch irgendetwas anderes, nach jenem Wort Ps 13: ›Der Unverständige spricht in seinem Herzen, es ist kein Gott.‹ Denn der Geist wird erfordert zum Verständnis der ganzen Schrift und jedes ihrer Teile. Wenn Du von der äußeren [Klarheit] sprichst, ist ganz und gar nichts Dunkles oder Zweideutiges übrig. Vielmehr ist alles durch das Wort ans ganz und gar sichere Licht gebracht, und der ganzen Welt ist erklärt, was immer in der Schrift ist.« (DSA, 239)

Die äußere Klarheit der Schrift besteht nach Luther also darin, dass die theologisch gebildete Pfarrerin in der Predigt die Inhalte der biblischen Botschaft herausstellen kann. Diese äußere, akustisch dargestellte Klarheit führe aber noch nicht dazu, dass der Mensch die Bedeutung in seinem Herzen bejahen kann und so wahrhaftig versteht und glaubt. Diese innerliche Aneignung, die innere Klarheit im Herzen, werde erst durch den göttlichen Geist ermöglicht. Deswegen betrachtet Luther auch das Wirken des Heiligen Geistes als eine notwendige Voraussetzung für das Verständnis der Schrift.

1.3 Die christliche Glaubenshaltung aufgrund der Klarheit der Bibel

Erasmus konnte die uneindeutigen Schriftaussagen über die genaue Reichweite des freien Willens dadurch auf sich beruhen lassen, dass er seinen Lesern empfahl, einfach regelmäßig zur Beichte zu gehen, demütig vor Gott zu sein und sich selbst nicht zu wichtig zu nehmen. Für Luther ist diese Haltung unerträglich. Es sei

»für einen Christen nicht unfromm, vorwitzig oder überflüssig, im Gegenteil vor allem heilsam und notwendig zu wissen, ob der Wille etwas oder nichts vermag in den Dingen, die sich auf das Heil beziehen.« (DSA, 247)

Luther hält die von Erasmus beiseitegeschobene Frage dagegen für zentral:

> »Dass Du es nur weißt: Genau hier liegt der Dreh- und Angelpunkt unserer Disputation, um genau diesen Punkt dreht sich die Angelegenheit. Es geht uns doch um die Frage, was denn nun das freie Willensvermögen kann, was es an sich geschehen lässt, wie es sich zur Gnade Gottes verhält. Wenn wir das nicht wissen, werden wir überhaupt nichts über christliche Angelegenheiten wissen, und wir werden schlimmer dran sein als alle Heiden. Wer dafür kein Gespür hat, der soll bekennen, kein Christ zu sein.« (DSA, 247)

Wenn der Mensch nicht wisse, was von ihm von Gott erwartet werde, um vor ihm bestehen zu können, dann bleibe ihm auch entzogen, was von Gott her zu erwarten sei:

> »Kenne ich aber die Werke und die Macht Gottes nicht, kann ich ihn nicht verehren, loben, ihm Dank sagen und dienen. Denn ich habe keine Ahnung davon, wie viel mir zuzuschreiben ist und wie viel ich Gott schulde. Daher ist es nötig, eine sehr exakte Unterscheidung zu treffen zwischen der Kraft Gottes und unserer, zwischen Gottes Werk und unserem, wenn wir gottesfürchtig leben wollen.« (DSA, 247)

Für Luther ist also eine aufrichtige christliche Haltung nur möglich, wenn man weiß, wie das Grundverhältnis zwischen Gott und Mensch zu beschreiben ist.

1.4 Die Aufklärung des Volkes bezüglich der Streitfrage

Im Gegensatz zu Erasmus hält es Luther für eine christliche Pflicht, das Volk in Bezug auf die letzten Fragen nicht im Unklaren zu lassen. Er bemängelt, dass diejenigen Theologen, die einen eingeschränkten freien Willen vertreten würden, dies dem Volk überhaupt nicht einsichtig machen könnten:

> »Und wenn sie [die Theologen] überhaupt den Menschen irgendeine Kraft zubilligen wollten, sollten sie eine andere Bezeichnung vorschlagen als frei-

es Willensvermögen. Besonders weil uns bekannt und einsichtig ist, dass das Volk durch diese Vokabel elend getäuscht und auf Irrwege geführt wird; denn es hört und versteht unter dieser Vokabel etwas bei weitem anderes, als was die Theologen meinen und disputieren. Es ist ein zu herrliches, zu weites und inhaltsreiches Wort: freies Willensvermögen. Das Volk glaubt, damit würde die Kraft bezeichnet [...], die sich frei nach beiden Seiten wenden könne, und die Kraft, die niemandem weicht oder unterworfen ist. Wenn es wüsste, dass es sich anders verhält und kaum ein winziges Fünkchen damit bezeichnet wird und dass es, auf sich allein gestellt, völlig unwirksam ist, ein Gefangener und Knecht des Teufels – was ein Wunder, wenn sie uns nicht steinigten.« (DSA, 295)

Diese Täuschung des Volkes über den wahren Sachverhalt sei besonders schädlich. Daher brüskiert sich Luther über den Missbrauch der Sprache:

»Aber hier [in unserem Fall] herrschen eine Gefährdung des Heils und eine überaus schädliche Täuschung. Wer würde denn nicht verlachen oder gar hassen, der rücksichtslos die [Bedeutung der] Vokabel erneuert, der gegen den allgemeinen Gebrauch sich bemüht, eine solche Sprechweise einzuführen, die einen Bettler als Reichen bezeichnet.« (DSA, 297)
»Der Mensch hat ein freies Willensvermögen – freilich nur dann, wenn Gott ihm das seine überließe. Bei einem solchen Missbrauch der Sprache könnte sich jeder mit allem brüsten, bis dahin, dass er sagt: ›Jener ist Herr des Himmels und der Erde‹ – wenn Gott ihm dies schenkte. Aber das ist nicht die Art der Theologen, sondern die der Schauspieler und Betrüger. Unsere Worte müssen eindeutig sein, rein, besonnen und, wie Paulus sagt, heilsam und untadelig.« (DSA, 297)

Und so folgert Luther, dass es

»am sichersten und frömmsten wäre [...], dieses Wort ganz aufzugeben. Wollen wir das nicht tun, sollten wir es doch nach bestem Wissen so zu verwenden lehren, dass dem Menschen ein freies Willensvermögen nicht im Blick auf eine ihm übergeordnete, sondern im Blick auf eine ihm untergeordnete Sache zugestanden werde. Das heißt, dass er wisse, er habe im Blick auf sein Vermögen und seinen Besitz ein Recht, [Dinge] nach seinem freien Willensvermögen zu gebrauchen, zu tun, zu lassen. Obwohl selbst hier durch das freie

Willensvermögen Gottes alles allein dahin gelenkt wird, wohin immer es ihm gefällt. Ansonsten hat der Mensch gegenüber Gott und in den Dingen, die sich auf Heil oder Verdammung beziehen, kein freies Willensvermögen. Hier ist er vielmehr ein Gefangener, ein Unterworfener und ein Knecht entweder des Willens Gottes oder des Willens Satans.« (DSA, 297)

1.5 Gegen die Autorität der kirchlichen Tradition

Gegen die Instanzen, die Erasmus aus der langen Kirchengeschichte gegen Luther ins Feld führte, weil sie die Willensfreiheit vertreten, begründet und gefordert hatten, argumentiert Luther unter Bezugnahme auf die Bibel und die Geschichte. Zunächst beruft er sich auf seinen Ordenspatron Augustinus, der ganz mit ihm übereinstimme. Aber Luther gibt auch zu, dass er über zehn Jahre lang von der langen Liste der von Erasmus zitierten Personen und Konzilen sehr beeindruckt gewesen sei. Sein Gewissen habe ihn aber in die entgegengesetzte Richtung gezwungen.

Dass die heiligen Wundertäter sich für die Willensfreiheit ausgesprochen haben, tue nichts zur Sache. Denn sie haben ihre Heiligung und ihre Wunderkraft nicht dafür erhalten, dass sie die Lehre vom freien Willensvermögen vertreten, sondern dass sie sich für die Lehre Christi einsetzen (DSA, 303). Und wie haben sich die heiligen Männer verhalten, wenn sie

> »ihr freies Willensvermögen gänzlich vergessend daherkamen, an sich selbst verzweifelten, und für sich weit anderes als Verdienste, [nämlich] nichts als nur die reine Gnade allein anriefen. Wie das so oft Augustinus getan hat. Wie Bernhard, als er im Sterben sprach: Ich habe meine Zeit vergeudet, weil ich vergeudet gelebt habe. Ich sehe hier keine Berufung auf irgendeine Kraft, die sich der Gnade zuwendete. Alle Kraft wird vielmehr angeklagt, sich nur abgewendet zu haben – obwohl auch die Heiligen manchmal während einer Disputation anders über das freie Willensvermögen geredet haben. Das ist, wenn ich es richtig sehe, allen passiert: Sie sind andere, wenn sie sich auf Worte oder Disputationen richten, und andere, wenn auf Affekte und Werke [...] Nach dem Affekt aber sind die Menschen eher zu messen als nach der Rede.« (DSA, 307/309)

Prinzipiell wird Luthers Kritik, wenn er darauf zu sprechen kommt, dass die sichtbare Kirche nicht ohne Weiteres mit der wahren Kirche identisch sei. Wie könne man wissen, ob die von Erasmus zitierten Kirchenleute sich nicht ihr ganzes Leben lang geirrt haben könnten. Denn auch im Gottesvolk Israels habe es nicht einen einzigen König gegeben, der wegen seines Unglaubens von den Propheten nicht kritisiert worden sei. Elia habe sich bei Gott sogar darüber beklagt, dass er als einziger gläubiger Israelit übriggeblieben sei, worauf ihm Gott entgegnete, dass es noch immer 7000 wahre Israeliten gebe, die Elia aber nicht kannte. Und selbst bei Jesu Hinrichtung hätten alleine drei Personen aus Gottes Volk an Jesus geglaubt, nämlich Nikodemus, Josef von Arimathäa und der Verbrecher am Kreuz. Also sei die sichtbare Kirche nicht identisch mit der wahren Kirche des Glaubens.

> »Was also sollen wir tun? Ist die Kirche verborgen, sind die Heiligen verborgen – was dann? Wem sollen wir glauben?« (DSA, 323)

Luther sieht sich also nach wie vor alleine auf die Heilige Schrift verwiesen, um die Frage nach der Willensfreiheit zu klären.

Bezüglich der Autorität der Konzile und der Päpste kommt Luther auf das Konstanzer Konzil (1414-1418) zu sprechen:

> »Lass uns nun zu den Unseren kommen. Als Johannes Hus Folgendes gegen den Papst aus Mt 16 erörterte: Die Pforten der Hölle vermögen nichts gegen meine Kirche – ist denn hier irgendeine Dunkelheit oder Zweideutigkeit? Aber gegen den Papst und die Seinen vermögen die Pforten der Hölle etwas, weil diese ja durch ihre offensichtliche Gottlosigkeit und ihre Verbrechen in der ganzen Welt hervorragen. Ist das auch dunkel? Also sind der Papst und die Seinen nicht die Kirche, von der Christus spricht. Was sollten sie da widersprechen?« (DSA, 335/337)

Nach Luther zeigt also das Gehabe der römischen Kirchenleitung, dass diese von der Hölle schon eingenommen wurde und daher nach Mt 16 nicht die wahre Kirche sein könne. Er gibt damit dem als Ketzer verbrannten Jan Hus Recht – eines der deutlichsten Worte Luthers gegen die Kurie.

1.6 Die Selbstwidersprüchlichkeit der erasmischen Position

Luther macht Erasmus auch darauf aufmerksam, dass er sich in seiner Schrift nicht eindeutig dazu äußert, ob man sich um die Frage der Willensfreiheit Gedanken machen soll oder nicht. Einerseits behaupte Erasmus,

> »es sei unfromm, vorwitzig und überflüssig, wissen zu wollen, ob unser Wille irgendetwas in den Dingen vermag, die sich auf das ewige Heil beziehen, oder ob er nur eine wirkende Gnade an sich geschehen lässt«. (DSA, 243)

An einer anderen Stelle behaupte Erasmus aber das genaue Gegenteil dazu, nämlich

> »es sei christliche Gottesfurcht, sich aus aller Kraft anzustrengen; und ohne das Erbarmen Gottes sei der Wille unwirksam [...] Freilich definierst du nicht, wie weit jenes Bewirken und An-sich-geschehen-Lassen zu verstehen sind – gibst Dir solche Mühe, uns in Unkenntnis darüber zu lassen, was das Erbarmen Gottes vermag, was unser Wille vermag, und das genau an der Stelle, wo du lehrst, was unser Wille und das Erbarmen Gottes tun. So führt dich deine Klugheit im Kreise herum.« (DSA, 243)

Damit bezieht sich Luther auf eine unterschwellige Widersprüchlichkeit im Werk von Erasmus. Denn Erasmus hatte ja zu Beginn seines Werkes geschrieben, dass die Christen immer nach dem Besseren streben sollen, um sich mit allen Kräften aus der Sünde herauszuarbeiten. Falls ihnen in diesem Bemühen etwas Gutes gelinge, sollen sie jedoch alles auf Gottes Gnade zurückführen. Misserfolge auf dem Weg zum Heil jedoch möge er sich selbst zuschreiben.[22] Am Ende der Vorrede definierte er dann die Willensfreiheit als

> »eine Kraft des menschlichen Wollens [...], durch die sich der Mensch dem zuwenden, was zum ewigen Heil führt, oder sich davon abkehren könnte«. (DLA, 37)

22 Vgl. o. S. 57.

Hier liegt schon die Diskrepanz vor, dass der Mensch alles Gute Gott zuschreiben solle, während es nach der Definition doch vom Willen des Menschen abhänge, ob er sich dem Heilbringenden zuwendet. Diese Schwierigkeit wird weiter verschärft durch die Beschreibung von drei möglichen Positionen im Hauptteil seines Buches. Dort hatte er die von ihm vertretene so beschrieben, dass

> »sie dem Menschen Streben und Bemühen beläßt und doch nichts beläßt, was er seinen eigenen Kräften zuschreiben könnte«. (DLA, 57)[23]

Luther erkannte diesen eklatanten Widerspruch der erasmischen Position und beschrieb ihn kurz und prägnant so:

> »Deine von dir weiter oben gegebene Definition des freien Willensvermögens, wie passt die zu dieser erstgenannten, angeblich einigermaßen annehmbaren Meinung? Denn du hast gesagt, das freie Willensvermögen sei eine Kraft des menschlichen Willens, mit welcher der Mensch sich zum Guten hinwenden kann. Hier aber sagst du und billigst die Aussage, der Mensch könne ohne Gnade das Gute nicht wollen. Die Definition behauptet, was ihr Beispiel leugnet [...]« (DSA, 361)

Etwas spöttischer klingt die Bemerkung:

> »Daher sind das zwei verschiedene Dinge: das freie Willensvermögen, welches du definierst, und das, welches du verteidigst. Und so hat Erasmus nun zwei freie Willensvermögen, die im Übrigen auch mit sich selbst in heftigem Kampf liegen.« (DSA, 361)

Ganz ernsthaft aber stellt Luther fest, dass die von ihm hier zitierten Sätze des Erasmus genau mit seiner, Luthers eigenen Position übereinstimmen:

> »Du gestehst also zu, das freie Willensvermögen könne das Gute nicht wollen. Das ist doch nichts anderes, als dass es sich dem, was sich auf das ewige Heil bezieht, nicht zuwenden kann, wie deine Definition verlauten ließ. Du sagst sogar kurz zuvor, der menschliche Wille sei nach dem Sündenfall so verdor-

23 Vgl. o. S. 54.

ben, dass er nach dem Verlust der Freiheit gezwungen sei, der Sünde zu dienen, und sich nicht bessern könne.« (DSA, 361)

Schließlich kommt Luther noch einmal darauf zurück, dass der Begriff der Willensfreiheit, so wie ihn Erasmus versteht, nicht allgemein verständlich sei und kritisiert seine »Wortverdreherei«:

> »Weg mit diesen Wortungeheuern! Denn wer kann solch einen Missbrauch der Sprache ertragen, dass wir einerseits sagen, der Mensch habe ein freies Willensvermögen, und zugleich als Wahrheit bezeugen, er sei nach Verlust der Freiheit unter die Knechtschaft der Sünde gezwungen und könne nichts Gutes wollen? Das widerstreitet dem allgemeinen Verständnis und hebt gänzlich den Sprachgebrauch auf.« (DSA, 367)

2. Luthers Position zum Verhältnis von göttlicher Gnade und menschlicher Unfreiheit

2.1 Gottes Vorherwissen als Argument gegen Willensfreiheit

Für Erasmus stellte es eine wichtige Frage dar, ob Gott voraussehen könne, was Menschen in der Zukunft aus freiem Willen heraus entscheiden werden.[24] Luther beantwortet diese Frage im negativen Sinn: Alles, was von Gott vorausgesehen werde, geschehe mit absoluter Notwendigkeit. Welches Interesse hat Luther an dieser Aussage?

24 In den verschiedenen Übersetzungen wird die lateinische Phrase des Erasmus recht unterschiedlich übersetzt. Otto Schumacher übersetzt »ob Gottes Vorherwissen mit einer Nicht-Notwendigkeit menschlichen Tuns vereinbar ist« (Erasmus von Rotterdam, Vom freien Willen, Verdeutscht von Otto Schumacher, Göttingen 1983[5], S. 14). Lesowsky übersetzt mit »ob Gott etwas nicht-notwendig vorausweiß«, weist aber in der Fußnote darauf hin, dass diese kurze Übersetzung »schwer verständlich« sei. Er verweist ferner auf Karl August Meissingers Buch: Erasmus von Rotterdam, Berlin 1948[2], S. 298: Dieser übersetzt »ob Gott auf zufällige Weise« voraussieht. Die beste Übersetzung

2.1.1 Alles geschieht aus reiner Notwendigkeit

Zunächst weist Luther die Einschätzung von Erasmus zurück, dass es für den Glauben völlig überflüssig sei, sich darüber Gedanken zu machen, ob Gott unsere zukünftigen Entscheidungen schon vorherwisse, und ob dadurch unsere Willensfreiheit eingeschränkt werde. Der Reformator hält die Möglichkeit, diese Frage beantworten zu können, jedoch für zentral. Gäbe es keine Antwort darauf, entstünde eine wesentliche Lücke in unserer Erkenntnis Gottes.

> »Du rätst uns ab und verbietest uns, uns darum zu bemühen, Gottes Vorherwissen und die Notwendigkeit bei Dingen und Menschen zu lernen. Dagegen rätst du uns, das zu lassen, zu vermeiden und zu verachten. Durch diese deine unüberlegte Mühe lehrst du uns zugleich, eine Unkenntnis Gottes anzustreben.« (DSA, 259)

Warum aber ist es für Luther so wichtig, darüber Bescheid zu wissen, ob wir durch unsere Willensfreiheit Gottes Vorherwissen über die Zukunft einschränken können? Luthers Antwort lautet: Unsere letzte Zukunft, unser Heil oder Unheil, hängt davon ab, ob wir uns auf Gottes Verheißungen und Zusagen verlassen können. Könnten wir dies nicht, so würden wir damit »allen Trost des Geistes und die Gewissheit des Gewissens«

müsste nach Lesowsky lauten: »ob Gott in seinem Vorauswissen vom freien Willen des Menschen abhängig ist«. Leider hat Lesowsky sich nicht dazu entscheiden können, diese Formulierung in den Haupttext aufzunehmen.
Luther übernimmt in seiner Antwort auf Erasmus dieselbe lateinische Wendung. Härle übersetzt sie mit »ob Gott etwas zufällig vorherweiß«, also ähnlich wie Meissinger. Bruno Jordahn wiederum übersetzt »ob Gott so, daß es auch anders sein könnte« vorhersieht. Die sinnvollste Übersetzung scheint mir diejenige von Lesowsky zu sein; nicht diejenige, die er im Text selbst verwendet, sondern die von ihm in seiner Anmerkung vorgeschlagene. Eine Übersetzung wie »ob Gott zufällig vorausweiß« entspricht in ihrer Kürze zwar den vier entsprechenden lateinischen Worten. Aber im Deutschen assoziiert es die Vorstellung, dass Gott manchmal absichtlich, manchmal aber auch nur zufällig etwas voraussieht.

verlieren (DSA, 259). Diese Vorstellung Luthers ist nicht ohne Weiteres nachzuvollziehen. Es gelingt jedoch, wenn man die augustinische Prädestinationslehre als Interpretationsrahmen ansetzt.

Das Problem der Prädestinationslehre besteht ja darin, dass ein Einzelner nicht wissen kann, ob er selbst zum Heil oder zum Unheil erwählt sei.[25] Luther hat jedoch im Rahmen seiner klösterlichen Lebensweise und der damit gegebenen Prägung einen Ausweg aus diesem Problem gefunden. Dies wird in der folgenden Aussage angedeutet:

> »Gott hat mit Gewissheit den Gedemütigten, das heißt, den völlig Verzweifelten seine Gnade zugesagt.« (DSA, 285)

Dahinter steht die im Mönchtum weitgeteilte Ansicht, dass man im Kloster alle seine Wünsche, Pläne und Bedürfnisse aufgeben müsse, um den Leib, soweit es ohne direkten Suizid möglich ist, abzutöten. Darin besteht die klösterliche Demut, die alleine vollständig christliche Existenz heißen dürfe. Nun kann aber nach Luther ein Mensch

> »erst dann vollständig gedemütigt werden, wenn er weiß, dass sein Heil gänzlich außerhalb seiner eigenen Kräfte, Absichten, Bemühungen und seines eigenen Willens, seiner Werke liegt und ganz und gar von der Entscheidung, der Absicht, vom Willen und Werk eines anderen abhängt, nämlich Gottes allein. Solange er sich nun einredet, dass er auch nur ein klein wenig zu seinem Heil beitragen kann, bleibt er im Vertrauen auf sich selbst und verzweifelt nicht vollständig an sich, demütigt er sich nicht vor Gott.« (DSA, 285)

Die Lehre von der absoluten Willens*un*freiheit des Menschen ist also das Mittel, durch den ein Mensch zuverlässig gedemütigt werde, denn

> »er hängt ganz vom Willen Gottes ab, [...] verzweifelt gänzlich an sich selbst, [...] wählt nichts, sondern erwartet den wirkenden Gott. Der ist der Gnade am nächsten, dass er heil wird. Wegen der Auserwählten also werden diese Dinge unters Volk gebracht, damit sie, auf diese Weise gedemütigt und zunichte gemacht [und damit] heil werden.« (DSA, 285).

25 Vgl. o. S. 19 f.

Luther kann also wissen, dass jeder, der so wie er an seinem Heil verzweifelte, zu den Erwählten gehört, die zum ewigen Leben vorherbestimmt sind. Für diese Gruppe von Menschen ist es dann natürlich auch notwendig, dass ihre Vorherbestimmung zum Heil nicht durch sie selbst noch verspielt werden könnte. Daher muss Gottes Vorhersehung notwendig bewirken, dass die Zukunft feststeht und der Mensch durch seinen freien Willen das Heil in letzter Minute nicht doch noch verwirken könnte.

Wie ernst es Luther mit dieser Ansicht ist, zeigt diese Äußerung, mit der er Erasmus' kritische Anfrage zurückweist, welcher Mensch denn überhaupt einen solchen Gott lieben könnte:

> »An dieser Stelle liegt der höchste Grad des Glaubens: zu glauben, dass derjenige gütig ist, der so wenige rettet und so viele verdammt; zu glauben, dass derjenige gerecht ist, der uns nach seinem Willen notwendigerweise verdammungswürdig macht, so dass es scheint, um Erasmus zu zitieren, dass er die Qualen der Elenden genießt und eher hassens- als liebenswert ist. Wenn ich also auf irgendeine Weise begreifen könnte, wie dieser Gott barmherzig und gerecht sein kann, der so großen Zorn und so große Ungerechtigkeit beweist, wäre der Glaube nicht nötig.« (DSA, 287)

Wir stehen hier schon vor einer der recht problematischen Stellen von Luthers Schrift, auf die wir noch zurückkommen müssen. Die Erwählung von Menschen, einerseits zum Heil, andererseits zum Unheil, differenziert Luther aber noch weitergehend, dass er eine Unterscheidung zwischen Notwendigkeit und Zwang einführt.

2.1.2 Die Unterscheidung von Notwendigkeit und Zwang

Ein äußerer Zwang ist nach Luther spürbar, da er sich gegen den Willen des Menschen richte. Anders verhält es sich bei der Notwendigkeit im Lebensverlauf einer Person. Denn dieser Lebensweg vollziehe sich auch notwendig so, wie Gott ihn vorhergesehen habe. Aber diese Notwendigkeit könne der Mensch überhaupt nicht wahrnehmen. Er handle zwar

> »notwendigerweise, […] aber nicht gezwungenermaßen. Vielmehr, wie sie sagen, mit einer Notwendigkeit der Unveränderlichkeit, nicht des Zwangs. Das

> heißt: Wenn der Mensch ohne Heiligen Geist ist, dann handelt er nicht unter Gewalteinfluss – als ob er am Hals gewürgt oder weggerissen würde – gegen seinen Willen böse. So wie etwa ein Schurke oder Dieb gegen seinen Willen der Strafe zugeführt wird. Sondern er handelt aus eigenem Antrieb und freiwillig. Diese Freiwilligkeit oder diesen Willen zu handeln aber kann er nicht aus eigenen Kräften unterlassen, zügeln oder ändern, sondern er fährt fort zu wollen und bereitwillig zu sein.« (DSA, 289)

Man könnte hier, um ein Beispiel zu geben, an eine Person denken, die so stark von ihren Gewohnheiten geleitet ist, dass Nahestehende leicht voraussagen können, was diese Person in bestimmten Situationen tun wird. Trotz dieser Vorhersagbarkeit wird diese Person aber gerne und nicht äußerlich gezwungen ihre üblichen Handlungen vollziehen.

An dieser Stelle hat das berühmt gewordene Sprachbild Luthers seinen Ort, in dem er den Menschen mit einem Zugtier vergleicht:

> »So ist der menschliche Wille in die Mitte gestellt, wie ein Zugtier. Wenn Gott darauf sitzt, will und geht es, wohin Gott will, wie der Psalm sagt: ›Ich bin gemacht wie ein Lasttier und ich bin immer mit dir.‹ Wenn Satan darauf sitzt, will und geht es, wohin Satan will. Und es liegt nicht an seinem Willensvermögen, zu einem von beiden Reitern zu laufen oder ihn zu suchen. Vielmehr streiten die Reiter selbst darum, es in Besitz zu nehmen und in Besitz zu behalten.« (DSA, 291)

Der Mensch kann also nach Luther über den *Antrieb* seines Willens nicht frei verfügen, sondern befindet sich immer im Einflussbereich einer höheren Macht. Eine Wahl zwischen diesen beiden Mächten ist ihm nicht möglich.

2.2 Gottes Wirken und die Frage nach dem Ursprung des Bösen

2.2.1 Allmacht als Allwirksamkeit

Einer der wohl wichtigsten Gedanken in Luthers Theologie ist die Allmacht Gottes. Denn dieses Gottesprädikat mache die Gottheit Gottes aus. Daher wäre jeder Versuch, die Allmacht Gottes zu begrenzen, »gleichbedeutend mit dem Wunsch, Gott möge wegen der Gottlosen aufhören, Gott zu sein« (DSA, 471). Luther begreift Gottes Allmacht als Allwirksamkeit:

> »Allmacht Gottes aber nenne ich nicht die Macht, mit der er vieles nicht tut, was er kann, sondern jene wirksame, mit der er machtvoll alles in allem tut. Auf diese Weise nennt die Schrift ihn allmächtig.« (DSA, 487)

Luther scheint sich darüber im Klaren zu sein, dass sich mit dieser Anschauung zwangsläufig die Fragen stellen, wie der Mensch für seine Sünden verantwortlich gemacht werden könne und wer der eigentliche Urheber des Bösen sei. Deswegen nimmt er immer wieder eine andere Perspektive ein, aus der er das Verhältnis von göttlicher Allwirksamkeit und dem Wirken des Menschen beschreibt.

Wir haben bereits gesehen, dass Luther eigentlich dafür plädierte, die Bezeichnung des freien Willens ganz aufzugeben.[26] Er richtete sich damit ausdrücklich gegen Erasmus, den er schlicht und ergreifend die Vokabeln verdrehen sah, um damit ein irgendwie freies Willensvermögen überhaupt noch behaupten zu können. Wenn man sich aber nicht dazu entschließen könne, den problematischen Begriff der Willensfreiheit aufzugeben, müsse man zumindest ihre Begrenztheit aufzeigen. Um dies zu leisten, differenziert Luther zwei Wirklichkeitsbereiche, in denen das Willensvermögen unterschiedlich starke Spielräume hat.

26 Vgl. DSA, S. 297 und o. S. 67 f.

Zunächst benennt Luther einen überweltlichen Bereich[27]. In diesem gebe es keinerlei Spielraum für ein freies Willensvermögen. Zum überweltlichen Bereich gehöre auch das ewige Heil. Der Mensch habe

> »gegenüber Gott und in den Dingen, die sich auf Heil oder Verdammung beziehen, kein freies Willensvermögen. Hier ist er vielmehr ein Gefangener, ein Unterworfener und ein Knecht entweder des Willens Gottes oder des Willens Satans.« (DSA, 297)

Luther versteht die Allwirksamkeit in diesem überweltlichen Bereich als *Allein*wirksamkeit Gottes. Das alleinige Handeln Gottes bezeichnet er als *creatio*.

Der Ausdruck *creatio* steht also für das schöpferische Handeln Gottes, das sich völlig ohne die Mitwirkung des Geschöpfes vollzieht. Denn das schöpferische Handeln Gottes findet ausschließlich im überweltlichen Bereich statt. Luther veranschaulicht dies so:

> »Der Mensch vor seiner Erschaffung zum Menschen tut oder unternimmt nichts, wodurch er ein Geschöpf wird; ferner: Auch der gewordene und geschaffene Mensch tut oder unternimmt nichts, um Geschöpf zu bleiben. Sondern beides geschieht einzig durch den Willen der allmächtigen Kraft und Güte Gottes, der uns ohne uns erschafft und erhält [...]« (DSA, 571)

Im Gegensatz zum überweltlichen steht der *weltliche* Bereich.[28] Diesen weltlichen Bereich unterteilt Luther noch einmal in zwei Teilbereiche, nämlich in den *gebotsfreien* Raum und den *gebotshaltigen* Raum. Innerhalb des gebotsfreien Raumes könne der Mensch sein Willensvermögen in einem gewissen Sinne frei gebrauchen, beispielsweise um seinen Besitz zu regeln.

> »So sehen wir also [...], dass der Mensch in zwei Reiche eingegliedert wird. In dem einen bewegt er sich nach seinem Willensvermögen und Rat ohne die Vorschriften und Gebote Gottes, nämlich in den unter ihm liegenden Din-

27 Im Lateinischen nennt Luther diesen Bereich die »*superiora*« (Plural).

28 Der weltliche Bereich wird im Lateinischen mit dem Begriff »*inferiora*« ausgedrückt.

> gen. Hier herrscht er und ist Herr, wie er in der Hand seines Rates gelassen ist.« (DSA, 371)

Die Allwirksamkeit Gottes wirke jedoch auch in dem gebotsfreien Raum noch mit, so dass auch an dieser Stelle nicht von einem wirklich freien Willen gesprochen werden könne. Die einzige Form der Freiheit besteht hier also in »Gebotsfreiheit«:

> »Nicht dass Gott ihn [den Menschen] so im Stich ließe, dass er nicht in allem mit ihm zusammenwirkte. Sondern dass er den Gebrauch der Dinge jenem frei nach dem Willensvermögen zugestanden hat und ihn nicht durch irgendwelche Gesetze oder Vorschriften hinderte.« (DSA, 371)

Für Luther steht der gebotsfreie Raum aber nicht im Fokus des Interesses. Wichtiger für ihn ist der Bereich, der durch den Willen Gottes geregelt ist, der *gebotshaltige* Raum. Hier beleuchtet Luther das Verhältnis von Gottes Wirken und dem Wirken des Menschen unter einem weiteren Gesichtspunkt. Im gebotshaltigen Raum nimmt Luther nämlich noch eine weitere wichtige Unterscheidung vor: Das Zusammenwirken Gottes mit dem Menschen (*cooperatio*) und die Zulassung des Bösen.

2.2.2 Die Unterscheidung zwischen Gottes *cooperatio* und seiner Zulassung des Bösen

In dem gebotshaltigen weltlichen Bereich nimmt Luther ein Zusammenwirken von Gott und Mensch an. Diese Zusammenwirkung bezeichnet er als *cooperatio*. Handlungen, die sich auf diese Weise abspielen, sind stets im Sinne Gottes. Luther führt exemplarisch an, dass es hier etwa darum gehe, sich den Armen zuzuwenden, Angefochtene zu trösten, aber auch die frohe Botschaft des Evangeliums zu verkünden (vgl. DSA, 573).

Nun gilt es aber zu beachten, dass selbst die *cooperatio* keine Partnerschaft auf Augenhöhe zwischen Gott und Mensch bedeutet. Denn nur Gott alleine kann das Gute bewirken. Während Gott also die Ursache für das Gute ist, hat der Mensch insofern daran Anteil, als er mitwirkt. Dies ist aber nur dadurch möglich, dass Gottes Geist im Menschen wirkt.

Fehle hingegen der göttliche Geist, sei der Mensch zu einer guten Tat nicht mehr im Stande. Er sündigt also. Wegen der Allmacht als Allwirksamkeit ist Gott aber auch hier mit am Werk, selbst wenn der Mensch ausdrücklich gegen Gottes Willen handelt. An dieser Stelle kommt Luther nun zu einer seiner Spitzenaussagen in *De servo arbitrio*: dass der Mensch ohne die göttliche Gnade *notwendigerweise* sündigt.

Wenn der Mensch ohne die Gnade Gottes aber notwendigerweise sündigen muss, stellt sich die Frage nach der Verantwortung für das Böse in der Welt.

Die Fragen, wie das Böse in Gottes gute Schöpfung kommt und wer dafür die Verantwortung trägt, kann anhand der Schrift *De servo arbitrio* nicht eindeutig beantwortet werden. Luther vertritt hier zwei konträre Ansichten. An manchen Stellen könnte man vermuten, dass Luther Gott als den Urheber des Bösen annimmt. An anderen Stellen negiert er aber diese Aussage.

Zunächst müssen wir also wahrnehmen, dass Luther auch beim Thema Sünde nicht bereit ist, die Allwirksamkeit Gottes als eingeschränkt zu denken. Jedoch gibt es im weltlichen gebotshaltigen Bereich einen entscheidenden Unterschied zwischen der *cooperatio* und der Sünde: Während die guten Taten in Form der *cooperatio* durch Gott bewirkt werden, Gott also die Ursache des Guten ist, sieht dies beim sündhaften Verhalten des Menschen ganz anders aus. Hier bewirkt Gott nicht die Sünde, sondern lässt sie lediglich zu:

> »Die Allmacht Gottes bewirkt, dass der Gottlose dem Antrieb und dem Wirken Gottes nicht entkommen kann, sondern ihm unterworfen notwendigerweise gehorcht. Die Verderbnis aber oder die Abkehr seiner selbst von Gott bewirkt, dass er nicht zum Guten angetrieben und fortgerissen werden kann. Gott kann seine Allmacht nicht aufgeben wegen dessen Abkehr; der Gottlose aber kann nicht seine Abkehr ändern. So kommt es, dass er fortdauernd und notwendigerweise sündigt und irrt, bis er vom Geist Gottes zurechtgebracht wird [...] Niemand denke also, wenn gesagt wird, Gott verstocke oder wirke Böses in uns (denn Verstocken heißt Böses tun), er wirke so, als ob er von neuem das Böse in uns schaffe [...]. Sie [Luthers Gegener] bedenken nicht genug, wie Gott ohne Unterlass in allen seinen Geschöpfen wirkt und nicht zulässt, dass eines müßig geht. Aber genau das muss bedenken, wer solches überhaupt verstehen will: ›In uns‹, das heißt, dass Gott durch uns Böses wirkt, nicht

durch Gottes Schuld, sondern durch unseren Fehler. Denn wir sind von Natur aus böse, Gott aber ist gut, er reißt uns durch sein Wirken nach der Natur seiner Allmacht fort und kann nicht anders handeln, als dass er, der selbst gut ist, mit einem bösen Werkzeug Böses wirkt.« (DSA, 599/ 601)

Auch in diesem Zusammenhang veranschaulicht Luther seine Gedanken anhand eines bekannten Bildes:

> »Da ja doch Gott alles in allem bewegt und wirkt, bewegt und wirkt er auch notwendigerweise im Satan und im Gottlosen. Er wirkt aber in ihnen so, wie sie sind und wie er sie vorfindet. Das heißt: Weil jene abgewandt sind und böse und fortgerissen werden von jener Wirksamkeit der göttlichen Allmacht, tun sie nichts als Abgewandtes und Böses. Das ist so, wie wenn ein Reiter ein drei- oder zweifüßiges Pferd reitet, dann reitet er es jedenfalls so, wie das Pferd beschaffen ist, das heißt, das Pferd geht schlecht. Aber was sollte der Reiter tun? Er reitet ein solches Pferd wie die gesunden Pferde, jenes schlecht, diese gut; er kann nicht anders, es sei denn, das Pferd würde gesund. Hier siehst du, dass, wenn Gott in den Bösen und durch die Bösen wirkt, zwar Böses geschieht. Dennoch kann Gott nicht böse handeln, mag er auch Böses durch Böse tun, denn er ist selbst gut und kann nicht böse handeln. Gleichwohl benutzt er die Bösen als Werkzeuge, die dem Fortgerissen- und Angetriebenwerden durch seine Macht nicht entkommen können. Der Fehler liegt also in den Werkzeugen, die Gott nicht müßig sein lässt, so dass Böses geschieht durch den Antrieb Gottes.« (DSA, 465)

Wir sehen also, dass Luther die Allwirksamkeit Gottes dahingehend versteht, dass sie aus keinem der aufgezählten Bereiche ausgeschlossen ist. Dennoch betrachtet Luther Gottes Wirken nicht immer als die alleinige Ursache von sämtlichen Geschehen:

1. In dem überweltlichen Bereich ist Gottes schöpferisches Wirken (*creatio*) alleine am Werk, so dass Gott hier auch als die alleinige Ursache für sämtliches Erschaffene gilt. Zu diesem überweltlichen Bereich zählt Luther auch das ewige Heil, das also allein durch Gottes schöpferisches Handeln bewirkt wird.
2. In dem *weltlichen gebotshaltigen* Bereich wirkt Gott mit dem Menschen zusammen Gutes (*cooperatio*), wobei jedoch nur Gott als ursächlich gilt.

3. In demselben *weltlichen gebotshaltigen* Bereich kann der Mensch *ohne* den Geist Gottes nichts als sündigen. Dennoch gilt hier Gott *nicht* als Ursache, da die sündigen Handlungen ausdrücklich gegen seinen Willen geschehen.
4. Wie schon weiter oben gezeigt wurde, wirkt auch im *weltlichen gebotsfreien* Raum Gottes Allwirksamkeit mit. Aber der Mensch kann hier wegen der Gebotsfreiheit nicht sündigen. Indem Luther diese Dimension menschlichen Handelns als diejenige anbietet, in welcher man am ehesten von einer Art von »Willensfreiheit« sprechen könnte, wird auch klar, dass diese »Willensfreiheit« relativ belanglos ist.

Nun können wir auch die beiden gegensätzlichen Aussagereihen analysieren, die Luther zum Verhältnis von Gott und Sünde aufstellt.

Zunächst fällt schon auf, dass der Begriff Allwirksamkeit auf den vier genannten Ebenen nicht im gleichen Sinne gebraucht wird. Auf Ebene eins und zwei bedeutet Allwirksamkeit die *alleinige Verursachung* von etwas durch Gott. Auf Ebene drei ist Gott aber nur insofern eine Ursache, als er bewirkt, dass das Geschöpf handelt, aber nicht, *wie* das Geschöpf handelt. Die Qualität des geschöpflichen Handelns geht hier gerade nicht auf Gott zurück, sondern auf den Teufel. Dieser bewirke die bösen Handlungen der Menschen. Den bösen Willen Satans finde Gott aber lediglich vor, »er schafft ihn aber nicht« (DSA, 469).

Die Frage aber, woher der böse Wille Satans stammt, lässt Luther unbeantwortet. Man könnte eine mögliche Antwort mit Augustinus darin finden, dass der Satan und die Stammeltern ursprünglich willensfrei waren, sich aus freiem Willen von Gott abwendeten und dadurch böse wurden. Dann hätte Gott die Welt samt Satan, Adam und Eva alleinwirksam erschaffen und seine Allmacht anschließend zugunsten der Willensfreiheit seiner Geschöpfe eingeschränkt. Dann gäbe es also einen Punkt, an dem Gott nicht allwirksam gewesen wäre, und er wäre darum auch nicht die Ursache des Bösen.

Gegen diesen Zusammenhang lässt sich aber von Luthers Begriff der Allwissenheit aus argumentieren. Denn nach zahlreichen Stellen in seiner Schrift muss man mit Luther annehmen, dass alles, was Gott vorherweiß, notwendig, wenn auch nicht unter Zwang, geschieht. Nun weiß Gott aber alles vorher, also auch den Fall Satans und der Stammeltern. An dieser Stelle ist noch einmal an folgendes Zitat zu erinnern:

> »Dies also ist für einen Christen vor allem notwendig und heilsam zu wissen, dass Gott nichts zufällig vorherweiß, sondern dass er alles mit unwandelbarem, ewigem und unfehlbaren Willen vorhersieht, beschließt und ausführt« (DSA, 251).

Nimmt man diese Allaussagen ernst, so wäre auch der Teufels- und Menschenfall von Gottes ewigem Willen beschlossen und nicht nur vorhergesehen. Nach dieser Lesart wäre Gott also auch der Urheber des Bösen.

Man wird Luthers Schrift an diesem Punkt nicht dazu pressen dürfen, eine begrifflich geschlossene Argumentation abzugeben. Die Frage nach der ursprünglichen Willensfreiheit Satans, Adams und Evas kann so oder so beantwortet werden. Für die Menschheitsgeschichte nach dem Fall der Ureltern ist dieser Punkt nicht relevant. Sie hätte auf jeden Fall den nun einmal eingeschlagenen Kurs genommen.

2.3 Die Rolle des Gesetzes

Erasmus verwies in seinem Buch stets auf die zahlreichen Gebote in der Schrift, die seiner Meinung nach ein freies Willensvermögen voraussetzen. Auf diese Argumentation reagiert Luther mit einem Verweis auf Paulus.

Denn der Apostel wisse, dass sich unter den Heiden »nur die Besten und Hervorragendsten« um das Gesetz bemühen, »und dies nur in ihren besten und hervorragendsten Teilen, nämlich Vernunft und Wille«. Doch auch diese werden »der Gottlosigkeit schuldig gesprochen«:

> »Alle werden gleichermaßen verdammt, die mit den Werken des Gesetzes umgehen. Ob sie nämlich mit höchstem Eifer oder mit mittelmäßigem oder mit gar keinem sich im Gesetz geübt haben, spielt keine Rolle. Alle konnten nur die Werke des Gesetzes vorweisen. Die Werke des Gesetzes aber rechtfertigen nicht«. (DSA, 597)

Eine letzte Zurückweisung des Gesetzes als Heilsweg entnimmt Luther aus Gal 3. Paulus unterscheidet hier zwischen zweierlei Weisen, mit dem Gesetz umzugehen. Es gebe »Täter im Geist« und »Täter im Fleisch«. Nun behaupte der Apostel jedoch:

»›Kein Fleisch wird aus den Werken des Gesetzes gerechtfertigt werden.‹ Was ist das anderes, als dass jene [ersten] ohne Geist im Gesetz wirken, weil sie Fleisch sind, das heißt gottlos und Gottes nicht kundig, denen diese Werke nichts nützen?«

Und im gleichen Zusammenhang stelle Paulus die rhetorischen Fragen:

»›Habt ihr aus den Werken des Gesetzes den Geist empfangen oder aus dem Hören [der Predigt] des Glaubens?‹ Und wiederum in Röm 3: ›Jetzt ist ohne Gesetz offenbar geworden die Gerechtigkeit Gottes.‹ Und wiederum: ›Wir glauben, dass der Mensch gerechtfertigt wird aus dem Glauben ohne Werke des Gesetzes.‹ Durch all das wird ersichtlich und klar, dass bei Paulus der Geist den Werken des Gesetzes entgegenstellt wird, nicht anders als allen anderen nicht geistlichen Dingen und den gesamten Kräften und Namen des Fleisches.« (DSA, 601)

Für Luther erfüllt das Gesetz daher eine ganz andere Rolle als diejenige, die Erasmus ihm zugewiesen hatte:

»Hier wird jene Frage der ›Diatribe‹ gelöst, die so oft im gesamten Büchlein wiederholt wurde: Wenn wir nichts können, was sollen dann so viele Gesetze, so viele Gebote, so viele Drohungen, so viele Zusagen? Hier antwortet Paulus: Durch das Gesetz geschieht Erkenntnis der Sünde. Weit anders antwortet er auf diese Frage, als der Mensch oder das freie Willensvermögen denken. Das freie Willensvermögen (sagt er) wird nicht durch das Gesetz bewiesen. Es wirkt nicht mit zur Gerechtigkeit. Denn durch das Gesetz geschieht nicht Gerechtigkeit, sondern Erkenntnis der Sünde. [...] Dann wird der Mensch, der die Krankheit der Sünde erkannt hat, traurig, angeschlagen, ja, er verzweifelt. Das Gesetz hilft [ihm] nicht, noch viel weniger kann er sich selbst helfen. Ein anderes Licht ist aber nötig, welches das Heilmittel zeigt. Dies ist die Stimme des Evangeliums, die Christus als den Befreier von all diesem zeigt.« (DSA, 605)

In Anlehnung an Paulus versteht Luther das Gesetz also lediglich als ein Diagnoseinstrument zur Erkenntnis der eigenen Sündhaftigkeit. Auch hier verweist der Reformator wieder auf seine eigenen Erfahrungen, dass nämlich auf die Erkenntnis der eigenen Sünde eine tiefe Verzweiflung folge. Im weiteren Verlauf dieses Prozesses könne es aber auch zu der Erkenntnis kommen, dass »die Gerechtigkeit des Glaubens [...] aus der Gnade [kommt] ohne das Gesetz.« (DSA, 607).

2.4 Der verborgene und der offenbare Gott

Luther wirft Erasmus vor, dass dieser in seiner Schrift einen wichtigen Unterschied in Bezug auf Gott unterschlagen habe:

> »Die ›Diatribe‹ täuscht sich aber in ihrer Unwissenheit, wenn sie überhaupt nicht unterscheidet zwischen dem gepredigten und dem verborgenen Gott, das heißt, zwischen Wort Gottes und Gott selbst.« (DSA, 407)

Für Luther besteht ein wesentlicher Unterschied zwischen dem Wort Gottes, also seiner Offenbarung, und Gott an sich bzw. der Natur Gottes.

Den offenbaren Gott, der im Wort der Predigt zur Sprache komme, bezeichnet Luther als den *deus revelatus*. Im Gegensatz zum *deus revelatus* steht der so genannte *deus absconditus*.[29] Mit diesem Begriff möchte

29 In der Forschungsliteratur wird regelmäßig darauf hingewiesen, dass Luther den Begriff des *deus absconditus* in seinen verschiedenen Schriften recht unterschiedlich gebraucht. So zeigt etwa Stefan Volkmann, dass beim jungen Luther ein Begriff von der Verborgenheit Gottes vorkomme, der in die später von ihm abgelehnte areopagitische Aufstiegsmystik gehöre (vgl. Volkmann, Luthers Lehre vom verborgenen Gott, in: Entzogenheit in Gott [Ars Disputandi Supplement Series 2], hg. v. Markus Mühling/Martin Wendte, Utrecht 2005, S. 39–43, S. 40).
Später aber bezeichne Luther mit Gottes Verborgenheit die Tatsache, dass »sich Gott in seiner Offenbarung verbirgt«. Denn »die Herrlichkeit Gottes ist unter ihrem Gegenteil des Kreuzes verborgen«. In diesem Zusammenhang bezeichnet der Ausdruck der Verborgenheit Gottes nun einen Aspekt des offenbaren Gottes. Wenn Jesus am Kreuz stirbt, müsse dies zunächst von Gottes Zorn her verstanden werden, der aber nicht verständlich sei. Wenn aber dann der Tod Jesu als Sühne für die Schuld der Menschen angerechnet werde, werde der Kreuzestod als Hinweis für Gottes Liebe zu den Sündern begreifbar. »Dies bedeutet aber, dass in Gottes Verborgenheit schon seine

Luther die Verborgenheit Gottes zum Ausdruck bringen. Die Verborgenheit bestehe zunächst darin, dass Gott sich nicht vollständig offenbart habe. In dieser Verborgenheit solle Gott vollständig respektiert werden:

> »So weit also Gott sich selbst verbirgt und von uns nicht gekannt werden will, geht er uns nichts an [...] Belassen werden muss also Gott in seiner Majestät und Natur, denn so haben wir nichts mit ihm zu schaffen, und er wollte nicht, dass wir so mit ihm zu schaffen haben.« (DSA, 405)

Allerdings geht Luther in *De servo arbitrio* nicht davon aus, dass die Verborgenheit lediglich im Sinne einer noch unvollständigen Gotteserkenntnis zu verstehen sei. Er geht hier noch einen Schritt weiter, indem er den *Willen* des verborgenen Gottes dem *Willen* des offenbaren Gottes als einen zweiten, selbstständigen Willen entgegensetzt:

> »Vieles tut Gott, was er uns durch sein Wort nicht anzeigt. Vieles auch will er, von dem er in seinem Wort nicht anzeigt, dass er es will. So will er nicht den Tod des Sünders, im Wort nämlich [*deus revelatus*]. Er will ihn aber in seinem unerforschlichen Willen [*deus absconditus*].« (DSA, 407)

Wie ist mit dieser Ambivalenz, die Luther in das Gottesbild hingelegt hat, umzugehen? Luther weist die kritische Nachfrage nach dem ›Warum‹ ausdrücklich zurück. Denn

> »was [...], warum und inwiefern er [der *deus absconditus*] will – danach zu fragen [...], sich darum zu sorgen oder daran zu rühren, ist überhaupt nicht erlaubt, sondern nur zu fürchten oder anzubeten«. (DSA, 407)

Habe man nur den *deus revelatus* im Blick, könne man durchaus annehmen, dass Gott den Tod des Sünders nicht wolle. Dann wäre es tatsächlich nur auf den menschlichen Willen zurückzuführen, wenn der Mensch der ewigen Verdammnis zum Opfer falle:

Liebe präsent ist. Dieses Verständnis der Verborgenheit Gottes kann sich nur im Glauben an das Evangelium erschließen.« Vernünftig betrachtet, müsse der Kreuzestod Jesu widersinnig erscheinen (A.a.O., S. 41).

»Also wird richtig gesagt ›Wenn Gott nicht den Tod will, ist es unserem Willen anzurechnen, dass wir zugrunde gehen‹. Richtig, sage ich, wenn du von dem gepredigten Gott sprichst! Denn der will, dass alle Menschen selig werden, denn im Wort des Heils kommt er zu ihnen allen, und es ist die Schuld des Willens, der ihn nicht zulässt, so wie Mt 23 sagt: ›Wie oft wollte ich deine Söhne versammeln, und du hast nicht gewollt?‹« (DSA, 407)

Berücksichtige man aber den *deus absconditus*, werde deutlich, dass es *doch nicht* am Willen des Menschen liege, ob er am ewigen Heil teilhabe oder nicht. Denn Gott hätte durchaus die Macht, den Willen des Menschen zu korrigieren. Die kritische Nachfrage, warum Gott das nicht tue, erlaubt Luther aber auch an dieser Stelle nicht:

»Warum jene Majestät diesen Fehler unseres Willens nicht aufhebt oder in allen ändert, weil es ja doch nicht in der Macht des Menschen liegt, oder warum er ihm jenen anrechnet, obwohl sich der Mensch ihm nicht entziehen kann, danach zu fragen ist nicht erlaubt.« (DSA, 407)

Aber ganz ohne ein Bewusstsein für die Problematizität dieser Vorstellung ist Luther doch nicht, was sich gegen Ende seines Buches zeigt.

2.5 Prädestination und Lichterlehre

Die Härten von Luthers Gottesbild sind, wie wir gesehen haben, vor allem auf die Annahme einer intentionalen Vorsehung des verborgenen Gottes zurückzuführen, der auch noch in einem willentlichen Gegensatz zum offenbaren Gott steht. Auch hier wird Luthers starke Prägung durch die augustinische Theologie wieder spürbar. Denn auch dieser Kirchenvater nahm an, dass Gott bereits vor der Erschaffung der Welt festgelegt hatte, wer an dem ewigen Heil teilhaben werde, und wer für immer verworfen sei. Erasmus hat wohl durchaus Recht mit seinem Einwand, dass sich niemand mehr um Besserung bemühen werde, wenn sein letztes Schicksal ohnehin schon feststehe. Luther stimmt Erasmus darin auch konsequent zu:

»Kein Mensch, auch nicht einer wird es können, denn Gott kümmert sich nicht um deine Verbesserer, die ohne Geist, aber gute Heuchler sind. Gebes-

> sert aber werden die Auserwählten und Gottesfürchtigen durch den Heiligen Geist. Die Übrigen werden ohne Besserung vergehen. Denn auch Augustinus sagt nicht, dass niemandes oder aller guten Werke gekrönt werden, sondern einiger; daher werden es nicht gar keine sein, die ihr Leben bessern.« (DSA, 283)

Erasmus ging aber noch einen Schritt weiter und fragte, wer denn überhaupt daran glauben könne, von einem solchen Gott geliebt zu werden. Und auch an dieser Stelle antwortet Luther direkt, aber wenig empathisch:

> »Kein Mensch wird es glauben und keiner wird das vermögen; die Auserwählten aber werden es glauben, die Übrigen werden ohne Glauben vergehen, schmähend und lästernd, wie du es hier tust.« (DSA, 283)

Diese Antwort verblüfft. Hatte Luther nicht selbst so intensiv darunter gelitten, dass er Gott nicht lieben konnte, ja ihn sogar »hasste« (vgl. Lebensrückblick, 505, u. o. S. 10)? Zur Begründung greift Luther auch hier wieder zunächst auf sein Verbot zurück, wonach der verborgene Wille Gottes nicht erforscht werden dürfe, sondern »schlicht angebetet und Gott die Ehre gegeben werden« solle (DSA, 285).

> »Denn weil er allein gerecht und weise ist, tut er niemanden Unrecht und kann nichts töricht oder leichtsinnig tun, auch wenn es uns bei weitem anders erscheint. Mit dieser Antwort sind die Gottesfürchtigen zufrieden.« (DSA, 285)

Allerdings holt Luther dann doch noch einmal weiter aus, als er es selber für nötig hält. Noch einmal stellt er seine eigene Biographie als paradigmatisch dar:

> »Zweierlei erfordert es, solches zu predigen. Das Erste ist die Demütigung unseres Hochmutes und die Erkenntnis der Gnade Gottes, das andere ist der christliche Glaube selbst. Zunächst: Gott hat mit Gewissheit den Gedemütigten, das heißt, den völlig Verzweifelten seine Gnade zugesagt. Der Mensch kann aber erst dann vollständig gedemütigt werden, wenn er weiß, dass sein Heil gänzlich außerhalb seiner eigenen Kräfte, Absichten, Bemühungen und seines eigenen Willens, seiner Werke liegt und ganz und gar von der Entscheidung, der Absicht, vom Willen und Werk eines anderen abhängt, nämlich

Gottes allein. Solange er sich nun einredet, dass er auch nur ein klein wenig zu seinem Heil beitragen kann, bleibt er im Vertrauen auf sich selbst und verzweifelt nicht vollständig an sich, demütigt er sich nicht vor Gott. Statt dessen nimmt er sich Ort, Zeit oder irgendein Werk vor oder hofft es oder wünscht es mindestens, mit dem er schließlich zum Heil gelange. Wer aber in keiner Weise daran zweifelt, der hängt ganz vom Willen Gottes ab, der verzweifelt gänzlich an sich selbst, der wählt nichts, sondern erwartet den wirkenden Gott. Der ist der Gnade am nächsten, dass er heil wird.« (DSA, 285)

Wie wenig einsichtig seine Position an dieser Stelle ist, scheint Luther aber dann selbst zu merken. Das zeigt sich besonders deutlich an der schon oben zitierten Stelle:

»An dieser Stelle liegt der höchste Grad des Glaubens: zu glauben, dass derjenige gütig ist, der so wenige rettet und so viele verdammt; zu glauben, dass derjenige gerecht ist, der uns nach seinem Willen notwendigerweise verdammungswürdig macht, so dass es scheint, um Erasmus zu zitieren, dass er die Qualen der Elenden genießt und eher hassens- als liebenswert ist. Wenn ich also auf irgendeine Weise begreifen könnte, wie dieser Gott barmherzig und gerecht sein kann, der so großen Zorn und so große Ungerechtigkeit beweist, wäre der Glaube nicht nötig.« (DSA, 287, vgl. S. 75)

Wie schon aus den bisherigen Zitaten erkenntlich werden konnte, erscheint bei Luther die augustinische Prädestinationslehre wieder in voller Härte am Horizont, nachdem sie auf der Synode von Orange verurteilt worden war.[30] Um zu zeigen, dass es sich dabei nicht nur um gelegentliche polemische Spitzen handelt, sollen noch die folgenden Äußerungen Luthers zitiert werden.

In einer deutlichen Anspielung an das matthäische Gleichnis vom Endgericht führt er aus:

»Es bleiben nämlich für die Gottlosen Hölle und Gericht Gottes als notwendige Folge, auch wenn sie selbst solchen Lohn für ihre Sünden weder wünschen noch daran denken, ja vielmehr heftig verwünschen und, wie Petrus sagt, verfluchen. So erwartet die Gottesfürchtigen das Reich [Gottes], auch

30 Vgl. o. S. 19–22.

> wenn sie selbst dieses nicht suchen noch daran denken. Denn dieses ist ihnen von ihrem Vater bereitet worden, nicht nur, bevor sie selbst waren, sondern sogar vor der Erschaffung der Welt.« (DSA, 427)

Selbst den Vorwurf der Grausamkeit Gottes versucht Luther nicht abzumildern, sondern stellt ihn in voller Härte heraus:

> »Das andere [bleibt auch bestehen], dass Gott gleicherweise grausam erscheint, wenn er durch Milde erträgt, als wenn er durch unsere Predigt so dargestellt wird, dass er bewusst durch seinen unerforschlichen Willen verstockt. Denn wenn er sieht, dass das freie Willensvermögen das Gute nicht wollen kann und schlechter wird durch die Milde dessen, der erträgt, ist er durch eben diese Milde ausgesprochen grausam. Er scheint sich ja an unserem Übel zu erfreuen, obwohl er ihm doch abhelfen könnte, wenn er wollte, und, wenn er wollte, es nicht ertragen könnte. Ja, wenn er nicht wollte, könnte er es nicht ertragen. Wer kann ihn gegen seinen Willen zwingen? Wenn also jener Wille feststeht, ohne den nichts geschieht, und zugegeben ist, dass das freie Willensvermögen nichts Gutes wollen kann, wird, was immer zur Entschuldigung Gottes und zur Anklage des freien Willensvermögens gesagt wird, vergeblich gesagt. Immer nämlich sagt das freie Willensvermögen: Ich kann nicht, und Gott will nicht – was soll ich tun? Mag er sich gar meiner erbarmen, indem er mich straft – ich komme in keiner Weise von der Stelle, sondern werde notwendig schlechter, wenn er nicht den Geist schenkt. Aber diesen schenkt er nicht. Er würde ihn aber schenken, wenn er wollte. Dass er ihn nicht geben will, ist also gewiss.« (DSA, 455)

Schließlich gibt er zu erkennen, dass er selbst schon unter der in seinem Buch beschriebenen Grausamkeit Gottes gelitten habe:

> »Freilich, das erregt in höchstem Grade Anstoß bei jenem allgemeinen Empfinden oder der natürlichen Vernunft, dass Gott aus seinem bloßen Willen die Menschen im Stich lässt, verstockt, verdammt. So, als erfreue er sich an so großen und ewigen Sünden und Qualen der Elenden, wo doch von ihm gepredigt wird, er sei von so großer Barmherzigkeit und Güte usw. Das scheint ungerecht, grausam, unerträglich zu sein, so von Gott zu denken. Daran haben auch so viele und so große Männer jahrhundertelang Anstoß genommen. Und wer sollte nicht Anstoß nehmen? Ich selbst habe nicht nur einmal Anstoß genommen bis hin zum tiefsten Abgrund der Verzweiflung – bis ich sogar wünschte, dass

> ich niemals als Mensch geschaffen worden wäre. Das war, bevor ich wusste, wie heilsam diese Verzweiflung ist und wie nahe der Gnade.« (DSA, 487)

Genau diese Leidenserfahrung Luthers mit dem Gott, der ihn wegen Sünde verdammen könnte, die er notwendig begehen müsse, wird für ihn aber zum Wendepunkt seiner gesamten theologischen und religiösen Existenz. Er empfindet es tatsächlich als wohltuend und befreiend, dass er einzig und allein durch Gottes Handeln in den Zustand des Glaubens gebracht wurde:

> »Ich würde nicht wollen, dass mir ein freies Willensvermögen gegeben wird oder irgendetwas in meiner Hand belassen würde, wodurch ich nach dem Heil streben könnte. Nicht nur deshalb, weil ich in so vielen widrigen Umständen und Gefahren und weiter bei so vielen angreifenden Dämonen nicht im Stande wäre, zu bestehen und es zu behaupten, denn *ein* einziger Dämon ist mächtiger als alle Menschen und nicht ein Mensch würde gerettet; sondern weil ich auch dann, wenn es keine Gefahren, keine widrigen Umstände, keine Dämonen gäbe, dennoch gezwungen würde, mich andauernd ins Ungewisse hinein anzustrengen und Lufthiebe zu machen.« (DSA, 651)

Mit den Dämonen sind hier natürlich wieder die im Mittelalter als ganz real vorausgesetzte teuflische Akteure angesprochen. Aber Luther misstraut sich auch selbst, ob er seine Willensfreiheit zuverlässig so gebrauchen könnte, dass er die vor Gott allein akzeptable Glaubenshaltung erreicht.

> »Denn mein Gewissen wäre, und wenn ich auch ewig lebte und wirkte, niemals gewiss und sicher, wie viel es tun muss, damit Gott genüge getan wäre. Denn wie vollkommen auch immer ein Werk wäre, es bliebe ein Skrupel, ob Gott dies gefiele oder ob er irgendetwas darüber hinaus erforderte. Das beweist die Erfahrung aller Werkgerechten, und ich habe das zu meinem großen Leidwesen in so vielen Jahren zu Genüge gelernt. Aber weil jetzt Gott mein Heil meinem Willensvermögen entzogen und in seines aufgenommen und zugesagt hat, mich nicht durch mein Werk und mein Laufen, sondern durch seine Gnade und seine Barmherzigkeit zu retten, bin ich sicher und gewiss, dass er treu ist; er wird mich nicht belügen.« (DSA, 651)[31]

31 Zur lutherischen Prädestinationslehre vgl. außerdem DSA, 651/653/657.

Für Luther persönlich ist die Prädestinationslehre ein Grund der Freude und Erleichterung. Er ist sich aber der Härte dieser Lehre durchaus bewusst. Er versteht den Schrecken, den sie auslösen kann, und den Vorwurf der Ungerechtigkeit Gottes, zu dem er führt. Tatsächlich hat sich Luther sogar ein berühmtes Gedankenexperiment ausgedacht, um die Gerechtigkeit Gottes in Schutz zu nehmen. Es handelt sich dabei um die so genannte Lichterlehre.

Diese besteht in der Unterscheidung von drei geläufigen Perspektiven auf ein theologisches Problem. Die drei Perspektiven sind: das Licht der Natur, das Licht der Gnade und das Licht der Herrlichkeit. Mit der Wendung »Licht der Natur« meint Luther die jedem Menschen angeborene Vernunft. Das »Licht der Gnade« besteht in dem religiösen Wissen von Gott, das durch Jesus Christus offenbart wurde. Das »Licht der Herrlichkeit« ist ein Wissen, das den Menschen erst zugänglich werde, wenn Gottes Reich angebrochen sein wird und alle bisher offenen Fragen eine Antwort finden.

Die Frage nach der Gerechtigkeit Gottes angesichts der Prädestinationslehre könne im Licht der Natur nicht gelöst werden. Das gelte aber auch für andere Probleme, beispielsweise für die Frage nach dem Leiden von gerechten Menschen in dieser Welt (Theodizee). Das Theodizeeproblem könne also im Licht der Natur *nicht* gelöst werden, im Licht des Evangeliums aber durchaus:

> »Die kurze Lösung dieser unlösbaren Frage besteht in einem einzigen kleinen Wort, nämlich: Es gibt ein Leben nach diesem Leben, in dem alles, was hier nicht bestraft und belohnt wird, dort bestraft und belohnt werden wird. Denn dieses Leben ist nichts als ein Vorlauf oder vielmehr: ein Anfang des zukünftigen Lebens.« (DSA, 655/657)

Das *Theodizeeproblem* zeigt also, dass es Probleme gibt, die im Licht der Natur nicht lösbar sind, wohl aber im Licht der Gnade.

Nun ist das *Prädestinationsproblem* aber weder im Licht der Natur noch im Licht der Gnade lösbar. Luther macht hier aber eine Analogie und behauptet, dass im Licht der Herrlichkeit das im Licht der Gnade unlösbare Prädestinationsproblem lösbar sein wird. Da aber über dieses Licht noch kein Mensch verfügen kann, stellt Luther die Hypothese auf:

> »Was glaubst du, wird geschehen, wenn das Licht des Wortes und des Glaubens weichen und die Sache selbst und die göttliche Majestät durch sich selbst offenbar wird? Oder glaubst du nicht, dass dann das Licht der Herrlichkeit die Frage so leicht wie nur möglich lösen kann […] ? […] Im Licht der Gnade ist es unlösbar, wie Gott den verdammt, der aus seinen eigenen Kräften nichts anderes tun kann als zu sündigen und schuldig zu sein. […] Aber das Licht der Herrlichkeit behauptet etwas anderes und wird zeigen, dass Gott, dessen Urteil eben noch von einer unbegreiflichen Gerechtigkeit war, dann von einer ganz und gar gerechten und ganz offenkundigen Gerechtigkeit ist.« (DSA, 655/657)

Luther stellt also in Aussicht, dass die Tatsache der Prädestination zwar bestehen bleibt, dass sich aber ihr Leidens- und Protestpotenzial auflösen wird. Allerdings können wir jetzt noch nicht wissen, wie diese Auflösung aussehen wird. Wie tröstlich diese Vorstellung auf Menschen wirkt, die unter dieser Problematik leiden, kann hier nicht abschließend geklärt werden. Wir werden diese Thematik aber an einer späteren Stelle (vgl. u. S. 111–114) noch einmal aufnehmen. Zunächst aber wollen wir die Frage klären, in welchem Verhältnis Luthers Schrift über den unfreien Willen mit seiner anderen, berühmten Freiheitsschrift steht.

2.6 Der Zusammenhang vom unfreien Willen und der *Freiheit eines Christenmenschen*

Martin Luther hat nicht nur ein Buch über die Unfreiheit des menschlichen Willens geschrieben, sondern auch eines über die Freiheit des Menschen – genauer gesagt des Christen. Es gibt eine breite Strömung in der Wirkungsgeschichte Luthers, die *De servo arbitrio* verschämt verschweigt oder offen kritisiert und die frühere Schrift *Von der Freiheit eines Christenmenschen* alleine auf den Leuchter stellt.

Luther hat aber mit der Unfreiheitsschrift sein Büchlein über die Freiheit keineswegs zurückgenommen. Es stellt sich damit die Frage, wie Luther die christliche Freiheit verstanden hat, und wie diese mit menschlicher Willensunfreiheit zusammen bestehen kann.

Die Freiheit, um die es in *De libertate christiana* geht, definiert Luther so: »Das ist die christliche Freiheit, der eine Glaube, der […] zur Folge hat, dass wir keines Werkes zur Frommheit und um Seligkeit zu erlangen bedürfen.«[32] Diese Freiheit bezieht sich nicht darauf, dass wir keine Werke mehr tun sollen, sondern lediglich darauf, dass wir diese Werke nicht tun sollen, um mit ihnen das ewige Heil zu erlangen. Freiheit besteht also darin, aus einer alten Motivation für Werke herauszukommen. Diese alte Art der Motivation hängt an der bekannten lutherischen Dialektik von Gesetz und Evangelium. Die Predigt des Gesetzes laute dahingehend, dass das Leben und Handeln des Menschen vor Gott nicht so weit reiche, um ihn im jüngsten Gericht zu rechtfertigen. Diese Gebotspredigt führe zur Verzweiflung des Menschen,[33] aus welcher dann die Predigt des Evangeliums heraushelfe.

> »Wenn nun der Mensch aus den Geboten sein Unvermögen gelernt und empfunden hat, dass ihm nun Angst wird, wie er dem Gebote genüge tut, weil ja doch das Gebot erfüllt sein, oder er verdammt sein muss, dann ist er recht gedemütigt und zunichte geworden in seinen eigenen Augen [...] So kommt darauf das andere Wort, die göttliche Verheißung und Zusage, und spricht: Willst du alle Gebote erfüllen, deine böse Begierde und Sünde loswerden, wie die Gebote zwingen und fordern, sieh auf, glaube an Christus, in dem ich dir alle Gnade, Gerechtigkeit, Friede und Freiheit zusage. Glaubst du, so hast du; glaubst du nicht, so hast du nicht.«[34]

Wenn der Mensch beim Hören des Evangeliums zum Glauben komme, verändern sich seine Emotionen grundlegend. Der Mensch werde von Grund auf fröhlich, empfange Trost, ja er werde süß gestimmt bezüglich Christus und Gottes.[35] Daraus entspringe die Bereitschaft, Gott freiwillig aus Dankbarkeit heraus zu dienen.[36] Auch den Mitmenschen gegenüber bewirke der Glaube eine neue Einstellung. Wenn wir ihn in Not sähen und uns daran erinnern, wie Gott unsere eigene Not beseitigt habe, dann würden wir aus Dankbarkeit zu Gott von uns aus unseren Nächsten zu helfen versuchen.[37]

32 VFC, S. 289.
33 Vgl. VFC, S. 285, S. 287.
34 VFC, S. 287.
35 Vgl. VFC, S. 299.
36 Vgl. VFC, S. 301, S. 311.
37 Vgl. VFC, S. 311.

Bei diesem Umschlag von der Angst vor der Verdammnis zum getrösteten Gewissen und zur Freude an Gott stehen wir, um mit dem Bild aus *De servo arbitrio* zu reden, an dem Punkt, wo anstatt des Teufels jetzt Gott die Rolle des Reiters auf dem menschlichen Reittier übernommen hat.[38] Die Freiheitsschrift und die Willensschrift Luthers behandeln also zwei verschiedene, aber aneinandergrenzende Themengebiete. Der Glaube des Christen entsteht ohne den Beitrag seiner Willensfreiheit, ja Willensfreiheit im strengen Sinne ist ausschließlich ein göttliches Prädikat. Wenn aber Gott den Menschen in den Zustand des Glaubens versetzt hat, dann schließt sich dem Wechsel des Reiters auch der »fröhliche Wechsel«[39] im Subjekt an, in dessen Verlauf dem Menschen alle Güter und alles Glück zuteilwerden und er deswegen bereit wird, dieses Glück und diese Güter mit anderen freiwillentlich, aber nicht willensfrei zu teilen.

Wenden wir uns nun bei der Darstellung des Schriftenwechsels zwischen Erasmus und Luther noch der Verteidigungsschrift *Hyperaspistes* zu, die der Humanist als Antwort auf *De servo arbitrio* verfasste.

38 Vgl. DSA, S. 291.
39 VFC, S. 291.

V Erasmus von Rotterdam: Der *Hyperaspistes* gegen den unfreien Willen Martin Luthers

Der erste Teil von Erasmus' Verteidigungsschrift erschien 1526. Im Vorwort beklagt er sich bei seinen Lesern über Luther. Der Wittenberger habe dafür gesorgt, dass Erasmus die Schrift vom unfreien Willen nicht rechtzeitig erhalten habe, um noch rechtzeitig für die Frankfurter Buchmesse seine Antwort drucken lassen zu können. Aber dieser Plan sei nicht aufgegangen, denn er habe innerhalb von zehn Tagen das Buch Luthers gelesen, seine eigene Diatribe noch einmal studiert und auch noch seine Antwort auf DSA niedergeschrieben. Damit seine Verteidigungsschrift gegen Luther noch rechtzeitig nach Frankfurt gelangen konnte, musste die Druckerei seines Verlegers vollständig dafür reserviert werden, das erasmische Werk zu drucken.[40]

Hyperaspistes I setzt sich lediglich mit den Themen auseinander, die in DLA die Einleitung bildeten, und die Luther entsprechend im ersten Teil von DSA behandelte. Erasmus gab sich viel Mühe mit dem Beweis, dass Luther gar nicht alleine der Verfasser von DSA gewesen sei. Er meint, mindestens drei oder vier Personen am Schreibstil erkennen zu können, die Luther geholfen hätten. Einigermaßen sicher zu identifizieren sind aufgrund der erasmischen Anspielungen Philipp Melanchthon und der Jurist Justus Jonas, der Rektor der Wittenberger Universität. Hier zeigt sich also, dass sich Erasmus an der typisch humanistischen Kunst der Textkritik versucht.[41]

Sodann echauffiert sich Erasmus über die Einbeziehung des ungebildeten Volkes in dogmatische Fachfragen. Inzwischen würden sogar Handwerker abends beim Bier unter sich über die Frage des freien Willens disputieren. Wie wir bereits in *De libero arbitrio* gesehen haben, vertritt

40 Vgl. Karl Zickendraht, Der Streit zwischen Erasmus und Luther über die Willensfreiheit dargestellt und beurteilt, Leipzig 1909, S. 156f.

41 Vgl. ebd., S. 158f.

Erasmus die Meinung, strittige theologische Fragen seien vom Volk fernzuhalten.[42]

Gegen die Angriffe Luthers auf seine Person verwahrt sich Erasmus heftig und geht zum Gegenangriff über. Luther sei ein lobgehudelter, verblendeter Pateiführer, der sich für unfehlbar halte. Er gibt dem Reformator die Schuld am Bauernaufstand mit seinen vielen Toten, und er hebt die Uneinigkeit innerhalb des reformatorischen Lagers hervor, insbesondere Luthers wechselnde Einschätzungen von Karlstadt. Besonders empört sich Erasmus darüber, dass Luther ihm unterstellt, kein Christ zu sein.[43]

Gegen Luthers Behauptung, die Bibel sei eindeutig, wenn man sie im Gesamtzusammenhang betrachte, wendet Erasmus ein, dass es in den verschiedenen Handschriften Textvarianten gebe, und ebenso Widersprüche zwischen verschiedenen biblischen Büchern. Hier bringt er also seine Kompetenz als erster Herausgeber des griechischen Neuen Testaments zur Geltung.

Die Willensfreiheit verteidigt Erasmus jetzt als kirchliches Dogma. Luthers Berufung auf Augustin hält er für unberechtigt. Auf der anderen Seite reduziert Erasmus die Willensfreiheit darauf, dass damit nur dic Selbstständigkeit der Willensaktivität gemeint sei, die jedoch vollständig durch die Gnade hervorgerufen werde. Indirekt gibt Erasmus zu, dass er manche Missverständnisse Luthers selbst hervorgerufen habe, weil er in *De libero arbitrio* unklar geschrieben habe. Das betreffe vor allem seinen Gebrauch von unterschiedlichen Definitionen des Begriffs der Willensfreiheit. Manche seiner zugespitzten Behauptungen seien auch lediglich provokativ gemeint gewesen.[44]

Bezüglich der Abfassung des zweiten Bandes von *Hyperaspistes* zeigte Erasmus zunächst kein großes Engagement, da er inzwischen in andere Konflikte verstrickt war. Erst ein öffentlicher Briefwechsel zwischen Heinrich VIII. von England und Martin Luther motivierte ihn dazu. Der König war Erasmus' Gönner und war durch Luther sehr grob behandelt worden.

In *Hyperaspistes* II rekapitulierte Erasmus zunächst noch einmal ausführlich einen großen Teil der ersten Hälfte, sodann paraphrasiert er die

42 Vgl. ebd., S. 160 und o. S. 46–48.
43 Vgl. ebd., S. 161 f.
44 Vgl. Zickendraht, S. 162 f.

Theologie des Chrysostomus, den er gerade ediert hatte, und kritisiert wortstark Luthers Schrift gegen Heinrich VIII. Es folgt ein Verriss von Luthers Gesamtwerk. Der Reformator habe von Paulus nicht einmal gelernt, dass man niemandem Anstoß in Glaubenssachen geben solle, sondern habe durch seine Leidenschaftlichkeit und Rücksichtslosigkeit Gottes Sache geschadet. Dass Luther ihn, Erasmus, seiner Autorität berauben wolle, vergilt er mit der Ansage, dass zukünftig kein Name verhasster sein werde als derjenige Luthers.[45]

Inhaltlich wiederholt Erasmus seine früheren Ausführungen in noch ausführlicherer Form und mit großem Überlegenheitsgefühl. Theologisch sei er trotz seines recht kurzen jugendlichen Studiums dem langjährigen Berufstheologen Luther überlegen.[46] Allerdings tritt in dieser letzten Schrift von Erasmus zum Thema seine Grundtendenz klarer zutage. Diese besteht in der Ablehnung von konsequenten systematischen Unterscheidungen und Gegensatzbildungen. Wo Luther ein *entweder oder* fordert, setzt Erasmus ein *sowohl als auch* dagegen.

Erasmus glaubt, dass auch die nichtchristlichen Philosophen aller Völker eine wahre Gotteserkenntnis besitzen.[47] Fromme und vorsichtige Forschung könne zeigen, dass überall berücksichtigungswerte Wahrheiten vorlägen. Auch das Erlösungswerk Christi versteht Erasmus als eine besondere Form der Verwirklichung allgemeiner Wahrheiten, die in der Menschheitsgeschichte auch sonst nachzuweisen sind. Eine Absolutsetzung der Christusoffenbarung sei daher nicht notwendig,[48] und paulinische Antithesen seien nicht wörtlich zu nehmen.[49]

Noch immer möchte Erasmus als Jünger Augustins mit Luther in der Tendenz einig sein und der Gnade das ganze Heilswerk zuerkennen. Aber im Interesse der Aufrechterhaltung von Verantwortlichkeit und Schuld, besonders hinsichtlich der Verdammten, möchte er die menschliche Willensnatur als mitwirkend am Heilsgeschehen verstehen. Luther hingegen müsse seiner Theologie gemäß die Bosheit sogar des Satans Gott selber zuschreiben. Luther wird auch dafür kritisiert, dass er lediglich aufgrund

45 Vgl. ebd., S. 166.
46 Vgl. ebd., S. 168.
47 Vgl. ebd., S. 169.
48 Vgl. ebd., S. 170.
49 Vgl. ebd., S. 171.

seiner Angst bezüglich seines jenseitigen Schicksals die Eigenverantwortung dafür vollständig ablehnt.[50]

Gegen Ende seiner Schrift rät Erasmus jedem christlichen Prediger noch, er möge alle, die zum Pelagianismus neigen, an ihre Abhängigkeit von Gottes Gnade erinnern; diejenigen, die zur Leugnung der Willensfreiheit tendieren, soll er auf ihre Eigenverantwortlichkeit hinweisen.[51]

50 Vgl. ebd., S. 173.

51 Vgl. Zickendraht, S. 175.

VI Eine Bilanzierung der beiden Positionen

Die methodischen Differenzen, die wir zwischen Erasmus und Luther beobachten konnten, zeigen zu einem gewissen Teil die Grenzen, an denen entlang sich die evangelischen Kirchen von der römischen trennten. Das betrifft die Frage nach der Bedeutung der kirchlichen Tradition, also nach der Autorität von Konzilen, Papsttum und Kirchenrecht einerseits und der Bibel andererseits, und um die jeweilige Auffassung der Sakramente. Im Folgenden wollen wir uns auf die inhaltlichen Differenzen der beiden Kontrahenten konzentrieren, die sich aus der Frage nach dem Verhältnis von göttlicher Gnade und menschlicher Willensfreiheit ergeben.

1. Erasmus

Wie wir gesehen haben, hatte Erasmus verschiedene Lutherschriften gelesen. Manche von Luthers Kritikpunkten an der mittelalterlichen Kirche befürwortete er. Aber da er dazu gedrängt wurde, gegen Luther zu schreiben, wählte er ein Thema, das ihm aufgrund seiner ethischen Schriften sehr am Herzen lag. Der durchgehende Tenor seiner Willensschrift lag ja auf dem Problem, dass zum rechten Handeln die Freiheit des Willens notwendig sei. Was nütze es, Regeln aufzustellen, die für das öffentliche Wohl notwendig sind, wenn es gar nicht in der Willensfreiheit des Menschen liege, diese zu befolgen oder nicht? Hier wird deutlich, dass für Erasmus diese moralische Perspektive ganz wesentlich ist. Erasmus gibt keine Anzeichen davon zu erkennen, dass er sich um *sein* ewiges Heil Sorgen macht. Offenbar fühlt er sich mit der seelsorgerlich-sakramentalen Moderation dieser Frage durch seine Kirche einigermaßen wohl. Dasselbe setzt er wohl für die Mehrheit der zeitgenössischen Christen voraus. Es ist ihm abzunehmen, dass er eine prädestinatianische Gnadenlehre für so grausam hält, dass nicht alle Menschen mit ihr zurechtkämen. Wie

Luther setzte also auch Erasmus offenbar voraus, dass die von ihm präferierte Gnadenlehre auch die richtige für das Volk sei.

Die von Erasmus bevorzugte Gnadenlehre sieht vor, dass göttliche Gnade und menschlicher Wille so zusammenwirken, dass beide einen unabhängigen Faktor für die Erlangung des Heils darstellen. Der menschliche Faktor sei dabei zwar verschwindend gering im Verhältnis zur Gnade. Aber ohne den minimalen Anteil des menschlichen Willens könne es eben auch nicht zum Heil kommen. Kurioserweise entwickelt er daraufhin eine merkwürdige Konstruktion: Wird der Mensch erlöst, sei das allein auf Gott zurückzuführen (trotz beteiligten Willens); wird der Mensch dagegen verdammt, sei dies allein dem Menschen zuzuschreiben. Erasmus erscheint hier als Vorläufer einer paradoxiefreudigen Theologie. Wir finden bei Erasmus aber einen Hinweis darauf, warum er ein solches Paradox formulierte: »Damit der Vorwurf der Grausamkeit und Ungerechtigkeit von Gott abgewendet werde« (DLA, 191).

2. Luther

Bei Luther hatten wir gesehen, dass seine reformatorische Entdeckung seinen klösterlichen Leidensweg beendet hatte. In dem klassischen Text von 1545 betonte er, dass diejenigen, die an Gott glauben, von ihm für gerecht erklärt werden, und zwar genau aufgrund ihres Glaubens. Der Glaube ist aber ebenfalls vollständig durch Gott bewirkt, so dass der Mensch nach Luther bei der Entstehung des Glaubens als vollkommen passiv verstanden werden muss. Oder anders ausgedrückt: Da das Heil ganz von Gott herkommt, ist die Willenstätigkeit des Menschen dabei lediglich als passiv hinnehmend zu beschreiben. Er hat weder den Spielraum dafür, dieses Geschenk aktiv anzunehmen, noch es abzulehnen – er wird vielmehr schlichtweg von Gottes Geschenk hingerissen. Wenn der Wille also angesichts dieses Geschenkes keinen Handlungsspielraum hat, wird er zu Recht als unfrei bezeichnet. Für Luther bedeutete diese Erkenntnis, die als *Rechtfertigung allein durch Gnade* (= *sola gratia*) bezeichnet wird, eine ungeheure Erleichterung. Für diesen Erkenntnisweg ist Luther in seiner Wirkungsgeschichte sehr berühmt geworden. Regelmäßig wird in diesem Zusammenhang erwähnt, dass Luther wieder den barmherzigen Gott entdeckt habe.

Insofern wirkt die Schrift *De servo arbitrio* irritierend, da doch deutlich wahrnehmbare Härten in Luthers Gottesvorstellung zu Tage treten. Dies liegt wohl daran, dass Luther den unfreien Willen des Menschen hier nicht nur auf die Rechtfertigung *sola gratia* zurückführt, sondern auch noch mit der göttlichen Vorsehung begründet. Die Vorsehung Gottes fällt aber nicht für alle Menschen gleich aus. Sowohl bei Luther, wie auch schon bei Augustin, hat Gott nämlich schon vor der Schöpfung entschieden, welchem Menschen er die Gnade des Glaubens schenken wird und welchem nicht. Der Glaube eines Menschen entscheidet aber über seine Aufnahme in Gottes Reich bzw. seine Verstoßung in die Hölle. Damit steht für jeden Menschen schon seit vor seiner Geburt fest, an welchem der beiden Orte er ewig sein wird, unabhängig von seinem eigenen Einflussvermögen.

Erschreckenderweise scheint Luther für diese Problematik wenig sensibel zu sein, wie wir schon gesehen haben:

> »Freilich, das erregt in höchstem Grade Anstoß bei jenem allgemeinen Empfinden oder der natürlichen Vernunft, dass Gott aus seinem bloßen Willen die Menschen im Stich lässt, verstockt, verdammt. So, als erfreue er sich an so großen und ewigen Sünden und Qualen der Elenden, wo doch von ihm gepredigt wird, er sei von so großer Barmherzigkeit und Güte usw. Das scheint ungerecht, grausam, unerträglich zu sein, so von Gott zu denken. Daran haben auch so viele und so große Männer jahrhundertelang Anstoß genommen. Und wer sollte nicht Anstoß nehmen? Ich selbst habe nicht nur einmal Anstoß genommen bis hin zum tiefsten Abgrund der Verzweiflung – bis ich sogar wünschte, dass ich niemals als Mensch geschaffen worden wäre.«

Aber die Fortsetzung dieses Zitates zeigt, dass Luther das Grauen der Vorstellung einer Prädestination zur Hölle durchaus kennt und Wege gesucht hat, damit umzugehen. Der einzige Weg besteht darin, die Verzweiflung angesichts einer drohenden Höllenstrafe als einen Durchgangspunkt zur Prädestination für das Himmelreich zu interpretieren:

> »Das war, bevor ich wusste, wie heilsam diese Verzweiflung ist und wie nahe der Gnade.« (DSA, 487)

Dieser Zusammenhang von Verzweiflung und Gnade, im Sinne einer nur als Durchgangsphase gedachten Verzweiflung, findet sich an vielen Stellen von Luthers Schrift. Man kann daraus den seelsorgerlichen Trost ableiten, dass ein verzweifelter Mensch eben aufgrund dieser Verzweiflung sich der kommenden Gnade Gottes gewiss sein könne. Aber dann gäbe es immer noch eine große Menge von Menschen, die, ohne jemals Verzweiflung gespürt zu haben, zur Hölle prädestiniert werden; und ob tatsächlich bei jedem Verzweifelten sich hinter seinem Zustand gewiss eine Erwählung zum Heil verbirgt, ist ebenfalls nicht im Sinne der Prädestinationslehre. Und wenn doch: Wie könnte ein Mensch sich dessen sicher sein, dass er tatsächlich schon verzweifelt genug ist, um diesen Zustand als sicheres Indiz seiner Erwählung zum Heil zu erkennen?

Auch die schon dargestellte Lichterlehre versucht, mit dieser Problematik umzugehen, indem sie in Aussicht stellt, dass sich die Prädestinationslehre im Reich Gottes dem Verstand erschließen würde. Diese Vorstellung Luthers erwies sich jedoch nicht als zukunftsfähig. Das zeigt sich daran, wie im weiteren Verlauf der Theologiegeschichte mit Luthers Lehre umgegangen wurde. Wir werfen daher noch einen kurzen Blick auf die Wirkungsgeschichte von Luthers Gnadenlehre.

VII Historischer Ausblick

1. Melanchthons vorsichtige Distanzierung von Luthers Position

Zickendraht hat schon sehr detailgetreu nachgezeichnet, wie sich Melanchthon schrittweise von Luthers Position in *De servo arbitrio* abwendete. Er macht dafür seine Lektüre der zwischen Erasmus und Luther ausgetauschten Schriften verantwortlich, vor allem des zweiten Teils des *Hyperaspistes*. Noch 1525 hätten Melanchthons Anmerkungen zu den Sprüchen Salomos noch »ganz deterministisch gelautet«. Aber in der Kolosserbriefauslegung von 1527 und in den Visitationsartikeln habe er sich auf die weniger anstößigen Anschauungen Luthers bezüglich der Gnadenlehre zurückgezogen.[52]

Auch im *Augsburger Bekenntnis* von 1530 formuliert Melanchthon den Artikel 18 über die Willensfreiheit noch so, dass sich keine Widersprüche zu Luther zeigen:

> »Vom freien Willen wird so gelehrt, daß der Mensch in gewissem Maße einen freien Willen hat, äußerlich ehrbar zu leben (iustitia civilis) und zu wählen unter den Dingen, die die Vernunft begreift. Aber ohne Gnade, Hilfe und Wirkung des Heiligen Geistes kann der Mensch Gott nicht gefallen, Gott nicht von Herzen fürchten oder glauben oder nicht die angeborenen, bösen Lüste aus dem Herzen werfen, sondern dies geschieht durch den Heiligen Geist, der durch Gottes Wort gegeben wird.«[53]

52 Zickendraht, Der Streit zwischen Erasmus und Luther, S. 176 f.

53 Horst Georg Pöhlmann, Unser Glaube. Die Bekenntnisschriften der evangelisch-lutherischen Kirche. Ausgabe für die Gemeinde, im Auftrag der Kirchenleitung der Vereinigten Evangelisch-Lutherischen Kirche Deutschlands (VELKD) hg. v. Lutherischen Kirchenamt, 1991³, S. 73.

Diese Aussage kann man noch ganz im Sinne Luthers verstehen, der ja eine relative Willensfreiheit im weltlichen, gebotsfreien Raum angenommen hatte (vgl. o. S. 78 f.).

Anhand von Melanchthons *Apologie der Augsburgischen Konfession* (1531) meint Zickendraht dann aber ahnen zu können, dass er das reformatorische Motto »*sola gratia*« (allein aus Gnade) gerettet zu werden, zu relativieren begann. Dabei bezieht sich Zickendraht auf Friedrich Loofs, der darauf hinweist, dass Melanchthon jetzt das »glauben« mehrfach mit »wollen« bzw. mit »sich dem Evangelium entgegenstrecken« gleichsetzt. Darin sieht Loofs eine Abweichung von der augustinischen Prädestinationslehre Luthers.[54]

Im Römerbriefkommentar von 1532 habe Melanchthon »das Prädestinationsproblem als ein von Paulus mehr zufällig berührtes und nicht beantwortetes behandelt. Obendrein betonte Melanchthon, daß außer Augustin alle Väter darin einig gewesen seien, daß ein mitbestimmender Grund der Erwählung auch in unserer Willigkeit zum Glauben« liege. Diese Tendenz verstärkte sich auch noch weiter, so dass man es verstehen könne, dass Melanchthon 1528 seine Freundschaft mit Erasmus erneuerte. Zickendraht vertritt daher die These, dass man bei Melanchthon »von einer erasmischen Korrektur nicht innerlich angeeigneter lutherischer Gedanken« ausgehen könne.[55]

2. Die Renaissance des Konzils von Orange in der Konkordienformel

Die Konkordienformel wurde 1577 erarbeitet, um die Lehre der lutherischen Kirchen genau festzulegen. Diese umfangreiche Bekenntnisschrift ist unterteilt in eine ausführliche Darlegung (*Solida Declaratio*) und in eine kurze Zusammenfassung (*Epitomé*).

Die Lehre von der Willensfreiheit bildet den zweiten Artikel in beiden Teilen der Konkordienformel. Er lautet:

54 Friedrich Loofs, Leitfaden zum Studium der Dogmengeschichte, Halle 1906[4], S. 837 f.

55 Zickendraht, Der Streit zwischen Erasmus und Luther, S. 177.

»1. Hieraus ist unsere Lehre, unser Glaube und unser Bekenntnis [entnommen], daß der Verstand und die Vernunft des Menschen in geistlichen Sachen (in rebus spiritualibus) blind ist und nichts aus eigenen Kräften versteht, wie geschrieben steht: ›Der natürliche Mensch vernimmt nichts vom Geist Gottes; es ist ihm eine Torheit und er kann es nicht begreifen, wenn er über geistliche Sachen befragt wird.‹

2. Ebenso glauben, lehren und bekennen wir, daß der nicht wiedergeborene Wille des Menschen nicht nur von Gott abgewendet ist, sondern ein Feind Gottes geworden ist, daß er nur Lust und Willen zum Bösen hat und [zu dem] was gegen Gott ist, wie geschrieben steht: ›Das Dichten des Menschenherzen ist böse von Jugend auf‹. Ebenso: ›Fleischlich gesinnt sein ist Feindschaft gegen Gott, weil das Fleisch dem Gesetz nicht untertan ist, denn es kann dies auch nicht‹. Ja, sowenig wie ein toter Leib sich selbst lebendig machen kann zum leiblichen, irdischen Leben, sowenig kann der Mensch, der durch die Sünde geistlich tot ist, sich selbst zum geistlichen Leben aufrichten, wie geschrieben steht: ›Da wir tot waren in den Sünden, hat er uns mit Christus lebendig gemacht‹. Darum wir auch aus uns selbst, gleichsam aus uns ›nicht tüchtig sind, etwas Gutes zu bedenken, sondern daß wir tüchtig sind, ist von Gott‹.

3. Die Bekehrung aber wirkt Gott der Heilige Geist nicht ohne Mittel, sondern er gebraucht dazu die Predigt und das Hören des Wortes Gottes, wie geschrieben steht Röm. 1: Das Evangelium ist eine ›Kraft Gottes‹, um selig zu machen. Ebenso: Der Glaube kommt aus dem Hören des Wortes Gottes Röm. 10. Und es ist Gottes Wille, daß man sein Wort hören und nicht die Ohren verstopfen soll. In diesem Wort ist der Hl. Geist gegenwärtig und er tut die Herzen auf, daß sie wie die Lydia in der Apostelgeschichte Kap. 16 darauf achten und so bekehrt werden allein durch die Gnade und Kraft des Heiligen Geistes, dessen Werk alleine die Bekehrung des Menschen ist. Denn ohne seine Gnade ist unser ›Wollen und Laufen‹, unser Pflanzen, Säen und Begießen alles nichts, wenn er nicht ›das Gedeihen dazu verleiht‹, wie Christus sagt: ›Ohne mich könnt ihr nichts [tun]‹. Mit diesen kurzen Worten spricht er dem freien Willen seine Kräfte ab und schreibt alles der Gnade Gottes zu, damit sich nicht jemand vor Gott rühmen möchte, 1. Kor. 9.«[56]

56 Pöhlmann, Unser Glaube, S. 784 f.

Die Verwerfung zu diesem Artikel ist gerichtet gegen die »groben Pelagianer«, die lehrten, dass der Mensch sich ohne Gnade von sich aus zu Gott bekehren und ewiges Leben verdienen könne.

Eine zweite Verwerfung betrifft die »halben Pelagianer«, denen gemäß der Mensch aus eigenen Kräften seine Bekehrung beginnen können, auch wenn sie ohne die Gnade nicht vollendet werden könne.

Weiterhin verwirft die Konkordienformel auch die Lehre, dass wenn der Heilige Geist durch die Predigt seine Gnade angeboten habe, der Mensch aus seinen eigenen natürlichen Kräften die Gnade annehmen oder ablehnen könne.[57]

Offensichtlich stimmen diese Thesen und Verwerfungen mit Luthers in *De servo arbitrio* vorgetragenen Ausführungen überein. Der Widerspruch zu Luther entsteht erst, wenn man diesen Artikel 2 mit Artikel 11 vergleicht, der von der ewigen Vorsehung und Wahl Gottes handelt. Hier formulieren die lutherischen Theologen zunächst den Unterschied zwischen dem Vorherwissen und der Vorherbestimmung Gottes. Die Vorsehung betreffe alle Menschen, sei aber keine Ursache des Bösen, während die Prädestination als cinc schon vorzeitliche Wahl Gottes sich nur auf die frommen, wohlgefälligen Kinder Gottes erstrecke.[58]

Damit erzeugt die Konkordienfomel dieselbe unbefriedigende Gnadenlehre wie das Konzil von Orange. Mit Augustin und Luther wird in Artikel 2 gelehrt, dass die Willensfreiheit bei der Rechtfertigung der Sünder keine Rolle spielt. In Artikel 11 wird klargestellt, dass Gott nur die frommen Menschen zum ewigen Heil prädestiniert. Dass aber die bösen Taten der Ungläubigen durch ihre Nichtberufung zum Glauben indirekt durch Gott selbst verursacht werden, bestreiten die Verfasser.

3. Pietismus und Aufklärung

Im Pietismus wird die Willensfreiheit des Menschen mit der Zeit immer stärker rehabilitiert. Schon der lutherische Theologe und Begründer des Pietismus, Philipp Jacob Spener, sprach sich gegen die Prädestinationslehre aus. Auch in der mystischen Theologie eines Jakob Böhme und bei dem

57 Vgl. ebd.
58 Vgl. a.a.O., S. 833 f.

pietistisch-frührationalistischen Theologieprofessor Christoph Matthäus Pfaff wird die Willensfreiheit vorausgesetzt.[59]

Ein Schlaglicht auf das Interesse des Pietismus an der menschlichen Willensfreiheit zeigt sich in dem Aufsehen erregenden Vorgang der Vertreibung des Philosophieprofessors Christian Wolff aus Halle. Hier war schon länger der Spenersche Pietismus an der theologischen Fakultät fest verankert. Auch der Theologieprofessor Joachim Lange gehörte in dieses Lager, und aufgrund seiner Polemik gegen Wolff wurde dieser schließlich durch den preußischen König seines Amtes enthoben und musste aus der Stadt fliehen. Anna Szyrwińska hat gezeigt, dass Lange seine Fehde gegen den Universitätskollegen in erster Linie darum erhoben hat, weil Wolffs deterministische Weltanschauung keinen Spielraum für die pietistische Doktrin der Willensfreiheit zuließ.

Lange sei nämlich nicht damit zufrieden gewesen, in der Konkordienformel einige Äußerungen darüber gefunden zu haben, wonach die Christen *nach* ihrer Wiedergeburt durch den Heiligen Geist mit Gott zusammenwirken können. Die Pietisten favorisierten vielmehr eine sehr starke Willensfreiheitstheorie, die wenigstens ihnen selbst als Wiedergeborenen zugestanden werden müsse. Es handelt sich dabei um die Theorie des spanischen Jesuiten Luis de Molina (1535–1600), die ausdrücklich gegen die reformatorische Bestreitung der Willensfreiheit entwickelt worden war. Nach dieser Theorie kann Gott willensfreie Entscheidungen von Menschen voraussehen, ohne dass diese Entscheidungen von Gottes Vorhersehung festgelegt wären.[60] Das pietistische Interesse bestehe darin, dass Gott aus der Sicht der Pietisten

> »kein Herrscher [sei], der durch seine Allmacht Menschen zu bestimmten, von ihm gewollten Handlungen und Entscheidungen zwingt. Im Gegenteil: Aus Seiner [!] Liebe zur Menschheit überlässt er den Menschen genug Raum für ihre freien Entscheidungen […] Folglich sind die Menschen und Gott

59 Vgl. Emanuel Hirsch, Geschichte der neuern evangelischen Theologie im Zusammenhang mit den allgemeinen Bewegungen des europäischen Denkens, Band II, 1964⁴, S. 135 f., S. 188–195, S. 248, S. 351.

60 Vgl. Anna Szyrwińska, Die Pietisten, in: Handbuch Christian Wolff, hg. v. Robert Theis / Alexander Aichele, Wiesbaden 2018, (S. 383–403), S. 390 f.

> freie Wesen, die unabhängig voneinander Einfluss auf die Wirklichkeit ausüben.«[61]

Diese pietistischen Anschauungen über die Reichweite menschlicher Freiheit übertreffen bei Weitem die Minimalvorstellungen des Humanisten aus Rotterdam! Ähnliches trifft aber auch auf die Theologie der Aufklärung zu, der wir uns abschließend noch kurz widmen.

Für die Theologie der Aufklärungszeit wurde in Deutschland Immanuel Kants Philosophie richtungsweisend. »Kant synthetisierte nämlich die in der Empirie beobachtbare Determination mit der intelligiblen Zuschreibung von Freiheit, die der Mensch für sich selbst und alle menschliche Wesen vornehmen soll und in aller Regel auch vornimmt.«[62] Kant gesteht zu, dass alle Naturvorgänge streng deterministischen Naturgesetzen unterliegen. Gegen die Materialisten versucht er jedoch zu beweisen, dass die Vorstellung von Willensfreiheit so stark im menschlichen Selbstverständnis verankert sei, dass ihre Existenz aus philosophischen Gründen gefordert und vorausgesetzt werden müsse. Diesem Grundsatz haben sich die meisten evangelischen Theologen des 19. Jahrhunderts angeschlossen. Manche von ihnen empfinden daher Luthers Schrift über den geknechteten Willen als ein weniger glückliches Werk des Reformators.

Eine Ausnahme bildet Friedrich Schleiermacher, der wie Luther nicht davon ausgeht, dass die Menschen willensfrei seien. Allerdings hat er dafür kein gnadentheologisches Motiv. Für ihn sind allgemein philosophische und zum Teil naturwissenschaftliche Gründe ausschlaggebend.

Sowohl der Pietismus als auch die Aufklärungstheologie prägen mittelbar das theologische Klima bis heute noch mit. Die lutherische Position wird daher auch heute kaum mehr vertreten. Da aber, wie wir eingangs gesehen haben, die reformatorische Entdeckung Luthers eng zusammenhängt mit seiner Willens*un*freiheits-Theologie, stellt sich die Frage, ob man mit seiner zugegebenermaßen problematischen Position nicht anders umgehen könnte, als dass man zum (Semi)pelagianismus zurückkehrt.

61 A.a.O., S. 393.

62 Vgl. Christoph Markschies, Art.: Willensfreiheit III. Kirchengeschichtlich, in: RGG[4] Bd. 8, 2005, (Sp. 1569–1573), Sp. 1572 f.

VIII Ein Vorschlag zur Neuformulierung der evangelischen Gnadenlehre

In der Theologie des 21. Jahrhunderts gibt es keine allgemeine Übereinstimmung darüber, wie die evangelischen Glaubensinhalte in zusammenhängenden Sätzen ausgedrückt werden sollen. Die theologischen Positionen liegen zum Teil sehr weit auseinander – so wie in der Philosophie und in anderen Wissenschaften auch. Die Ausführungen der folgenden letzten Seiten unterscheiden sich daher von der bisherigen Darstellung. Diese war elementarisiert (komplexitätsreduziert), will aber dennoch die Geschichte der reformatorischen Gnadenlehre in allgemeingültiger Weise beschreiben. Wir verlassen an dieser Stelle jedoch die rein historische Beschreibung und versuchen, Luthers Auffassung des Glaubens als reines Geschenk Gottes ohne jegliche Mitwirkung des Menschen im heutigen Vorstellungsrahmen auszudrücken und zu begründen.

Wir beginnen mit einem schematischen Überblick über die in der Geschichte vertretenen Positionen zu dem zwischen Luther und Erasmus strittigen Thema der Willensfreiheit.

Diese real vertretenen Positionen machen jeweils Aussagen darüber, auf welchem Weg ein Mensch das ewige Heil erlangen kann. Dabei fließen Gedanken über Gottes Eigenschaften ein, sowie Vorstellungen über die Art des menschlichen Mitwirkens am persönlichen Heil. Es ist möglich, die historischen Positionen zu diesem Thema, auch die von Luther und Erasmus, anhand von drei Thesen zu strukturieren, die nicht alle gleichzeitig wahr sein können. Der Unterschied zwischen den Kontrahenten besteht darin, welche der drei Thesen zurückgewiesen wird.

1. Menschlicher Wille und der Ausgang des Jüngsten Gerichts: ein Trilemma

Zunächst stellen wir die sich gegenseitig ausschließenden Thesen einzeln vor:

a) **Der Glaube mitsamt seiner Entstehung ist ausschließlich durch Gott bewirkt.**
Dies ist der von Paulus, Augustin und den Reformatoren aufgestellte Grundsatz der Gnadenlehre (*sola gratia*). Er schließt die Mitwirkung des freien Willens bei der Glaubensentstehung vollständig aus. Gottes Gnade erschließt sich einem Menschen in so überzeugender Weise, dass er sich fröhlich in eine neue Grundausrichtung seiner Existenz versetzt erfährt, in derjenigen Perspektive auf die Welt, die als christlicher Glaube bezeichnet wird.

b) **Wer nicht glaubt, wird auf ewig verdammt.**
Bei dieser Aussage handelt es sich um eine Grundanschauung, die in den meisten christlichen Konfessionen bei vielen Menschen als selbstverständlich gilt. Die Angst vor der ewigen Hölle war in allen Epochen des Christentums präsent.

c) **Gott ist barmherzig.**
Hierbei handelt es sich um eine biblische Grundaussage.

Als nächstes soll gezeigt werden, warum die Annahme von je zwei dieser Thesen zu einer Ablehnung der dritten These führen muss. Gehen wir die drei möglichen Kombinationen nacheinander durch:

Kombination I lautet:

- Der Glaube mitsamt seiner Entstehung ist ausschließlich durch Gott bewirkt (a).
- Die Ungläubigen werden mit ewiger Verdammnis bestraft (b).
  - Wenn diese beiden Thesen wahr sind, dann ist Gott nicht barmherzig, wenn er die Ungläubigen bestraft. Denn sie sind ja nur ungläubig, weil Gott ihnen den Glauben nicht geschenkt hat (gegen c).

Diese Kombination entspricht der Prädestinationslehre Augustins, Luthers und anderer Theologen.

Kombination II stellt sich so dar:

- Die Ungläubigen werden mit ewiger Verdammnis bestraft (b).
- Gott ist barmherzig (c)
  - Aus der Bejahung dieser beiden Thesen muss man schließen, dass der Glaube doch nicht ausschließlich durch Gott bewirkt wird. Vielmehr ist noch eine menschliche Anstrengung (Werk) notwendig (gegen a).

Auch wenn dies irritierend wirken könnte – diese Kombination wurde in der Kirchengeschichte am häufigsten vertreten. Gott ist barmherzig, aber er schenkt nicht allen Menschen den Glauben – warum nicht? Offenbar, weil es noch einen Faktor gibt, der dies verhindert. Dieser Faktor bestand darin, dass die Ungläubigen eine gewisse Leistung erbringen müssen, um in den Glaubensstand zu gelangen. Diese Position wurde von den (Semi) Pelagianern und verwandten Gruppen bevorzugt.

Bei Kombination III gilt:

- Der Glaube inklusive seiner Entstehung ist ausschließlich durch Gott bewirkt (a).
- Gott ist barmherzig (c).
  - Unter der Voraussetzung dieser beiden Thesen muss man folgern, dass die Ungläubigen nicht mit ewiger Verdammnis bestraft werden (gegen b).

Auch diese Kombination wurde in manchen Theologien und christlichen Gruppen realisiert. Das reformatorische „allein aus Gnade" kam zu seinem vollen Recht, ebenso die Barmherzigkeit Gottes. Aber an die Stelle der ewigen Höllenstrafe trat eine zeitlich befristete, postmortale Erziehungsstrafe. Salopp gesagt, wird es für jeden Menschen eine Art Reinigungsort („Purgatorium") geben. Diese Allerlösungslehre (auch apokatastasis panton oder Allversöhnungslehre genannt) hatte ihre Vertreter etwa in der alten Kirche bei Origenes und seinen Schülern Gregor von Nyssa und Basilius dem Großen. Im späten Mittelalter und in der Reformationszeit wurde diese Vorstellung aber als ketzerisch abgelehnt. Seit dem radikalen Pietismus wird die Position zunehmend stärker reflektiert und auch vertreten (beispielsweise von Jane Lead, Johann Albrecht Bengel u. a.). Karl Barth und von ihm beeinflusste Theologen tendieren ebenfalls zu dieser Position.

Ein regelmäßiger Einwand gegen diesen Ausgang des Jüngsten Gerichts lautet, dass hier die Opfer von schwerer Schuld nicht zu ihrem

Recht kämen. Dabei wird außer Acht gelassen, dass zur Vorstellung von Allerlösung immer eine Art Purgatorium höherer Ordnung gedacht wird, in der es so etwas wie einen Täter-Opfer-Ausgleich unter göttlicher Mediation gibt. Die Strafe der Täter ist dabei zeitlich begrenzt und nicht verewigt wie bei der ewigen Höllenstrafe. Dadurch kann die Verhältnismäßigkeit von Schuld und Strafe wiederhergestellt werden, die durch die ewige Höllenstrafe unverhältnismäßig wird.

Es müsste unter diesem Aspekt das Verhältnis von göttlicher Gerechtigkeit und Barmherzigkeit noch einmal neu reflektiert werden. Die Gegner der Allerlösungslehre vermissen in deren Rahmen eine gewisse aktive Gerechtigkeit Gottes zugunsten der Opfer. In der vollständigen Form der Allerlösungslehre würde diesem Manko Rechnung getragen werden. Sie scheint die Balance zwischen Barmherzigkeit und Gerechtigkeit Gottes besser halten zu können als die Vorstellung einer ewigen Höllenstrafe, sei es nun für willensfreie oder prädestinatianisch gedachte Menschen.

2. Mögliche Umgangsweisen mit dem Trilemma

Zunächst stellt sich die Frage, ob das Trilemma überhaupt aufgelöst werden soll, darf oder muss. Man könnte in Zeiten der Postmoderne auf den Gedanken kommen, dass sich die gewollte Pluralität der Positionen oder auch die Positionsverweigerung auf der Höhe des kulturellen Bewusstseins befinden und daher gutgeheißen werden sollten. So manche Wissenschaft hat schon versucht, ohne Wahrheitsanspruch aufzutreten.[63] Inzwischen gibt es allerdings Anzeichen dafür, dass diese Mentalität im Niedergang begriffen ist.[64]

63 Hier wäre an Autoren wie *P. Feyerabend*, *E. von Glasersfeld* u.a. zu denken.

64 Vgl. etwa *B. Pörksen*, Der Blick des Kritikers. Die Debatte über den Konstruktivismus in der deutschsprachigen Kommunikationswissenschaft – ein Beispiel für die Auseinandersetzung zwischen realistischen und relativistischen Wissenschaftlern, in *B. A. Weinhardt/J. Weinhardt* (Hg.), Naturwissenschaften und Theologie II. Wirklichkeit: Phänomene, Konstruktionen, Transzendenzen, Stuttgart 2014, S. 13–33; *D. Evers*, Wirklichkeit – »Was der Fall ist« oder »Wie es Euch gefällt«?, in: a.a.O., S. 97–107; *V. Gerhardt*,

Zur Wissenschaftlichkeit – und damit auch zu einer wissenschaftlichen Theologie – gehört es demnach immer noch (bzw. wieder), auf innere Widersprüche möglichst zu verzichten. Selbstverständlich kann es echte Paradoxien in verschiedenen Wissenschaften geben, weil die Wirklichkeit komplexer ist als unserer bisherigen Theorien über sie. So muss auch die Theologie sich nicht scheuen, im Notfall auf widersprüchlichen Thesen zu beharren. Aber solche Fälle sollten doch Ausnahmen bleiben; und wenn sie zeitweilig als notwendig erscheinen, besteht die wissenschaftliche Pflicht auch für die Theologie, die Widersprüche nach Möglichkeit in einer besseren, komplexeren Theorie miteinander auszugleichen. Vor allem besteht kein Grund dafür, aus dem bloßen Vorhandensein verschiedener Positionen innerhalb der Theologie und der Kirchen zu schlussfolgern, dass die Themen des Glaubens selbst paradox seien und bleiben müssen. All dies spricht dafür, an der sachlichen Auflösung auch des hier vorliegenden Trilemmas weiterzuarbeiten.

Schließlich zeigen die ständigen Verweise auf das Stichwort »Heilsgewissheit« (bei Luther und Erasmus, aber auch bei modernen Autoren), dass ein ungelöster Widerspruch in der Frage nach dem ewigen Heil die grundsätzliche Verstehbarkeit des christlichen Glaubens extrem beeinträchtigt. Wenn hier keine Deutlichkeit erreicht werden könnte, wäre auch der gelebte Glaube mindestens schwach, auf jeden Fall aber nach außen nicht auskunftsfähig, im Extremfall sogar eine Quelle von Angst anstatt von froher Botschaft.

Wenn man sich in der Folge dieser Überlegungen dafür entscheidet, eine Auflösung des Trilemmas zu suchen, stellt sich die Frage, welche Schwierigkeiten dabei zu bearbeiten sind.

Erstens verweisen manche Autoren darauf, dass es bezüglich der Eschatologie widersprüchliche Bibelstellen gebe. Dies ist sicherlich richtig, aber dieser Einwand gilt auch für die meisten anderen Themen des Glaubens. Theologische Aussagen werden daher schon lange nicht mehr auf der Grundlage der Auszählung von Bibelversen gebildet, sondern auf der Grundlage der biblischen Theologie insgesamt. So ging schon Luther gegen Erasmus vor, wenn er die vielen ambivalenten Bibelstellen, die von Erasmus zugunsten der Willensfreiheit angeführt

In Vergessenheit geraten. Über die Unverzichtbarkeit der Wahrheit, in: Forschung & Lehre 9/2017, S. 754–756.

wurden, durch eindeutige paulinische, johanneische und andere Stellen abschmetterte. Der Paulinismus ist freilich das Profil der evangelischen Konfession, so dass sich diese Präferenz auch nur innerhalb der evangelischen Theologie leicht durchsetzen konnte. Aber entsprechend wäre dann auch mit den eschatologischen Gehalten des Kanons umzugehen: Die historische Jesusforschung kann nicht entscheiden, ob die Höllendrohungen der Evangelien paränetisch (ethisch-pädagogisch) oder dogmatisch zu verstehen sind.[65] Dagegen erhärtet sich inzwischen der Eindruck, dass mindestens Paulus in Röm 9–11 eine christologische Allerlösungslehre mit prophetischem Anspruch verkündet.[66] Diesem exegetischen Befund kann man die Differenz zwischen dem jesuanischen Gottesbild und dem des Täufers beiseite stellen, und in der hebräischen Bibel die vielen heilsuniversalistischen Texte der Propheten, vor allem Deuterojesajas.

Zweitens, während manche Themen der Theologie naturgemäß vorwiegend innertheologisch behandelt werden müssen, ist die Theologie an anderen Stellen angewiesen auf und bereichert durch den interdisziplinären Dialog. Die philosophische Arbeit zum Thema der Willensfreiheit in den letzten drei Jahrhunderten zeigt zum Beispiel, dass „Willensfreiheit" nicht einmal widerspruchsfrei definiert werden kann. Dieses Resultat sollte in der heutigen theologischen Theoriebildung stärker berücksichtigt werden. Im folgenden Abschnitt wenden wir uns daher zunächst dem philosophischen Diskurs zur Willensfreiheit zu, bevor wir dann zum Abschluss die zwischen Luther und Erasmus schwebende Streitfrage im Horizont des gegenwärtigen Wissens zu klären versuchen.

65 Vgl. *B. A. Weinhardt*, Das Modell des illibertaren Indeterminismus. Lebensführung jenseits von Willensfreiheit und Fatalismus. Ein philosophisch-theologisches Modell im Dialog mit den Naturwissenschaften, Göttingen 2018, S. 294–303.

66 Vgl. a.a.O., S. 303–312; *J. Adam*, Paulus und die Versöhnung aller. Eine Studie zum paulinischen Heilsuniversalismus, Neukirchen-Vluyn 2009.

3. Das Problem der Willensfreiheit aus philosophischer Perspektive

3.1 Die drei nicht erfüllbaren Kriterien der Willensfreiheit

In der Philosophie unterscheidet man zwischen Handlungsfreiheit und Willensfreiheit.[67] Handlungsfrei ist eine Person, wenn sie eine Handlung ohne äußeren Zwang ausüben kann. Ein Bankangestellter, der von einem Bankräuber mit einer Waffe gezwungen wird, den Inhalt eines Tresors auszuhändigen, handelt demnach nicht handlungsfrei. Handlungsfreiheit liegt aber auch der demokratischen Gesellschaftsform zugrunde: Eine Person muss beispielsweise ihre Meinung frei äußern und ihre Religion frei ausüben können, ohne dass der Staat sie daran hindert.

Willensfreiheit lässt sich nicht so leicht definieren. Denn so wie der Begriff im Allgemeinen gebraucht wird, enthält er drei Vorstellungen („Intuitionen"), die sich gegenseitig ausschließen. Es handelt sich also auch hier um ein Trilemma. Die analytische Philosophie arbeitet diese trilemmatischen Vorstellungen heraus und versucht, einen sinnvollen Umgang mit ihnen zu finden.

Erstens erfordert der Begriff „Willensfreiheit", dass eine Person in ein und derselben Situation sich für zwei verschiedene Optionen gleich gut entscheiden können muss. Besteht die Wahlmöglichkeit zwischen Oper oder Kino, und hat sich die Person faktisch für die Oper entschieden, dann hätte sie sich auch genauso gut für das Kino entscheiden können müssen. Diese intuitive Vorstellung wird als *Alternativismus* bezeichnet.

Zweitens gehört es zur Willensfreiheit, dass eine Person aus nachvollziehbaren Gründen und nicht willkürlich handelt. Wählt unsere Person also die Oper, müsste sie angeben können, aus welchen Gründen sie dies getan hat. Diese notwendige Eigenschaft einer freien Entscheidung ist ihre *Intelligibilität.*

Die dritte Vorstellung ist die *Urheberschaft.* Sie besagt, dass die Entscheidung einer Person nicht auf Bedingungen, die schon vor ihrer Geburt vorlagen, zurückgehen darf. Damit wird gefordert, dass der Determinismus nicht gültig sei. Der Determinismus besagt, dass alles, was

67 *Vgl. Weinhardt,* Das Modell des illibertaren Indeterminismus, S. 15–17.

geschieht, deswegen geschieht, weil es von früheren Ereignissen so verursacht wurde.

Die Widersprüchlichkeit dieser drei Bedingungen von Willensfreiheit zeigt sich beispielsweise am Verhältnis von Alternativismus und Intelligibilität: Der Alternativismus fordert, dass eine Person unter den gleichen Umständen zwei mögliche Handlungsoptionen gleich gut auswählen können muss. Das Kriterium der Intelligibilität fordert hingegen, dass die getroffene Entscheidung gut nachvollziehbar begründet ist.

Nun gilt aber in unserem Beispielfall diese Alternative:

- Entweder sind im Zeitpunkt A die Gründe für die Oper und die Gründe für das Kino unterschiedlich stark für unsere Person (Fall 1)
- oder es sind im Zeitpunkt A die Gründe für die Oper und die Gründe für das Kino gleich stark für unsere Person.

Dann gilt für Fall 1: Weil die Gründe unterschiedlich stark sind, wird sich die Person für die stärker begründete Alternative entscheiden. Sonst wäre ihre Wahl nicht intelligibel. Gleichzeitig ist damit aber auch kein echter Alternativismus vereinbar. Denn dieser fordert ja, dass die Person im Zeitpunkt A sich gleich gut für Oper und für Kino entscheiden können muss.

Für Fall 2 gilt: Wenn die Person die alternativen Handlungen gleich gut auswählen könnte, dann wäre es nicht nachvollziehbar, warum sie sich nun gerade für die eine und nicht für die andere Handlung entschieden hat. In diesem Fall ist zwar der Alternativismus erfüllt, aber nicht das Intelligibilitätskriterium.

Eine weitere Komplikation ergibt sich, wenn man berücksichtigt, in welcher Art von Welt die Willensentscheidungen stattfinden. Es macht für die Philosophie einen grundsätzlichen Unterschied, ob man annimmt, dass in der Welt alle Ereignisse deterministisch verlaufen oder nicht. An dieser Grundentscheidung trennen sich die verschiedenen Theorien über die Möglichkeit bzw. Unmöglichkeit von echter Willensfreiheit.[68]

68 Vgl. a.a.O., S. 17–24.

3.2 Aktuelle philosophische Positionen zur Willensfreiheit

Die heutigen philosophischen Positionen definieren sich also darüber, wie sie sich zum Determinismus stellen. Der Determinismus besagt, dass alle Vorgänge in der Welt, sowohl in der Außenwelt als auch im Menschen selbst, determiniert sind. Determinismus liegt nach Pauen/Roth dann vor, wenn ein Ereignis „durch vorangegangene Umstände vollständig festgelegt wird, so daß also bei einer Wiederholung der vorausgegangenen Umstände auch das Ereignis selbst immer wieder eintreten wird [...] In einer solchen Welt kann man also niemals sagen, daß etwas anderes hätte eintreten können, als faktisch eingetreten ist."[69] Im Determinismus legen also die Naturgesetze fest, was zu jedem Zeitpunkt der Welt geschehen wird. Wir gehen ja auch wohl alle davon aus, dass ein Stein, den man vom Boden aufhebt und dann loslässt, wieder auf den Boden zurückfällt.

Werfen wir hier einen vergleichenden Blick auf Luther: Auch er vertritt einen Determinismus wie schon vor ihm Augustinus. Aber dieser Determinismus ist ein theologischer. Es ist Gott, der schon seit vor der Schöpfung alles vorhergesehen hat, was geschehen wird, und er hat dabei auch schon beschlossen, wie er darauf reagieren wird. Im Gegensatz zu diesem theologischen Determinismus gibt es im oben beschriebenen philosophischen Determinismus keine absichtlichen Vorgänge im Weltgeschehen.

Im Determinismus stehen also alle zukünftigen Ereignisse jetzt schon fest. Wir können uns eine deterministische Welt wie eine riesige Dominoreihe vorstellen. Wer eine solche Reihe richtig aufbaut, kann sicher sein, dass nach dem Antippen des ersten Dominosteines garantiert alle weiteren bis zum letzten fallen werden. Die Anordnung der einzelnen Steine und die Schwerkraft sorgen dafür.

Im Gegensatz zum Determinismus gehen die Indeterministen davon aus, dass der zukünftige Lauf der Welt noch nicht im Einzelnen feststeht. Der Grund dafür: Es gibt echte Zufallsereignisse in der Natur! Je nachdem, wie ein zufälliges Ereignis ausfällt, wird es zu unterschiedlichen Wirkungen auf die Dinge führen, die mit dem Ereignis zusammenhängen.

Verknüpfen wir nun die Kriterien für Willensfreiheit mit den beiden möglichen Weltbildern. Anhand des erwähnten Dominoeffektes kann

69 *M. Pauen/G. Roth*, Freiheit, Schuld und Verantwortung. Grundzüge einer naturalistischen Theorie der Willensfreiheit, Frankfurt am Mai 2008, S. 38.

man sich leicht davon überzeugen, dass der Alternativismus im Determinismus undenkbar ist. Der einzelne Dominostein kann nicht anders, als fallen. Er kann weder nicht fallen, noch kann er zur Seite fallen anstatt in Richtung auf seinen Nachbarn.

Aber nicht nur der Alternativismus, sondern auch die Urheberschaftsbedingung lässt sich hier in ihrer intuitiven Form nicht rekonstruieren. Denn im Determinismus steht jede Handlung einer Person schon fest, noch bevor sie auf die Welt kommt.

Intelligibilität hingegen lässt sich mit dem Determinismus gut vereinbaren, wenn man die genannten Gründe einer Person als eine besondere Form von Ursachen auffasst. Wenn ich im Determinismus die Gedanken einer Person vollständig kennen würde, könnte ich auch vorhersagen, was diese Person in einer beliebigen Situation tun würde.

Der Determinismus stellt also eine schwierige Grundlagentheorie dar, wenn man nach einer Möglichkeit sucht, um Willensfreiheit zu begründen. Man könnte daher denken, dass es damit im Indeterminismus besser stehe. Jedoch erfüllt sich diese Hoffnung nicht, wie wir im Folgenden sehen werden.

Im Gegensatz zum Determinismus brechen in einer indeterministischen Welt echte Zufallsereignisse die Ursache-Wirkungs-Ketten an manchen Stellen auf. Bei jedem Zufallsereignis kommt es zu einer Verzweigung des Weltlaufs. Denn wenn das Zufallsereignis auf die Weise (a) geschehen wäre, hätte es eine andere Wirkung hervorgebracht, als wenn es auf die Weise (b) verlaufen wäre. Nehmen wir an, jemand setzt sein ganzes Vermögen beim Roulette, und nehmen wir weiter an, der Lauf der Roulette-Kugel sei zufällig, dann wäre die gesamte finanzielle Existenz vollständig von einem Zufall abhängig. Denn hat die Person auf rot gesetzt und die Kugel fällt auf rot (a), wird die Person um einiges reicher aus dem Casino gehen, als wenn sie zufallsbedingt alles verloren hätte (b). Ein einzelnes kurzes Zufallsereignis kann in diesem Weltbild für extrem unterschiedliche Zukunftsverläufe sorgen. Die Zukunft der Roulette-Spielerin stand mindestens so lange noch nicht fest, bis die Kugel fiel. Deswegen gibt es im Indeterminismus – im Gegensatz zum Determinismus – auch eine offene Zukunft.[70]

70 Wie es zum echten Zufall in der Welt kommt, und wie weitreichend seine Einflüsse auf jeden individuellen Lebensweg sind, wird in *Weinhardt*, Das

Das indeterministische Weltbild scheint daher den Alternativismus besser beherbergen zu können als der Determinismus. Sollte es außer den Zufällen in der äußeren Welt auch noch Zufälle im Entscheidungsprozess einer Person geben, könnte auch ein noch so guter Beobachter und Menschenkenner nicht wissen, für welche Handlung sie sich entscheiden würde.

Aber im Indeterminismus sind die beiden anderen Kriterien für Willensfreiheit verletzt. Denn ein Zufall im Entscheidungsprozess ist kein guter Grund für eine Wahl. Damit ist die Intelligibilität der Entscheidung nicht vorhanden. Dasselbe gilt für das Kriterium der Urheberschaft. Die Entscheidung der Person geht ja nur zum Teil auf sie selbst zurück. Über den Zufallsanteil ihrer Entscheidung kann die Person nicht verfügen – sonst wäre es kein Zufall.

Das Ergebnis dieser allgemein geteilten Überlegungen lautet also: Willensfreiheit gibt es weder im deterministischen noch im indeterministischen Weltbild in vollem Sinn. Ein drittes Weltbild steht aber nicht zur Verfügung.

Die Philosophinnen reagieren auf diese Einsicht unterschiedlich: Entweder geben sie den Begriff der Willensfreiheit vollständig auf. Manche anderen schränken die Willensfreiheit ein und entwickeln einen sogenannten schwachen Begriff von Willensfreiheit. Wer zu keinem von beidem bereit ist, behauptet, dass es echte Willensfreiheit geben müsse, weil das menschliche Leben sonst sinnlos wäre. Seit einigen Jahren liegt auch schließlich der Nachweis darüber vor, dass die menschliche Lebensführung auch ohne Willensfreiheit nicht sinnlos sein muss, solange nur die Welt indeterministisch ist. Diese unterschiedlichen Positionen sind in der folgenden Tabelle aufgeführt.

Positionen	zugrunde gelegtes Weltbild	Ist WF mit dem Determinismus kompatibel?	Gibt es WF?
Libertarismus	undefinierte Art von Indeterminismus	Nein	Ja (intuitive Form)
Kompatibilismus	Determinismus	Ja	Ja (schwache Form)
Harter Determinismus	Determinismus	Nein	Nein
Illibertarer Indeterminimus	Zufalls-Indeterminismus	Nein	Nein

Modell des illibertaren Indeterminismus, S. 165–173; 195–198 entfaltet.

Spalte eins enthält die genannten philosophischen Positionen im Diskurs über die Willensfreiheit. Spalte zwei beschreibt das Weltbild, von welchem die jeweilige Position ausgeht (Determinismus oder Indeterminismus). Spalte drei zeigt die Antwort auf die Frage, ob Willensfreiheit und Determinismus vereinbar seien. In der vierten Spalte werden die Positionen noch dadurch beschrieben, ob sie den Willensfreiheitsbegriff beibehalten. Gehen wir diese Positionen kurz durch:

3.2.1 Libertarismus

Die libertare Position vertritt etwa Geert Keil.[71] Er hat keine eigene Definition von Willensfreiheit, aber er fordert, dass alle drei Kriterien für echte Willensfreiheit vollständig befriedigt werden können müssen. Es müsse dazu eine nicht bekannte Art von Indeterminismus geben, der kein Zufalls-Indeterminismus sein dürfe. Auf dieser unbekannten Grundlage könne die starke intuitive Form von Willensfreiheit behauptet werden. Diese Position ist in der heutigen Philosophie eher randständig.

3.2.2 Kompatibilismus

Die ganz überwiegende Mehrheit der Philosophen bilden die Kompatibilisten. Sie gehen von der Wahrheit des Determinismus aus und halten ihn mit einer schwachen Form von Willensfreiheit für vereinbar. Beispielsweise entwickelt Michael Pauen ein bestimmtes Verständnis von Willensfreiheit, die er „personale Freiheit" nennt.[72] Sie liege vor, wenn eine Person selbst Urheber ihrer Handlungen ist und nicht der Zufall. Die Entscheidung zwischen Oper und Kino darf also nicht zufällig getroffen werden. Damit soll das Prinzip der Urheberschaft gewährleistet sein, obwohl doch die Bedingungen für die Entscheidung auf Ereignisse zurückgehen, die vor der Geburt der Person stattfanden.

Zudem soll die Entscheidung auf einer personalen Präferenz beruhen. Das bedeutet, sie soll charakteristisch sein für die Persönlichkeit eines

71 Vgl. a.a.O., S. 47–57.
72 Vgl. a.a.O., S. 25–47.

Menschen. Das schließt Entscheidungen aus, die aus bloßer Laune heraus getroffen werden, aber auch solche, die wegen einer Sucht, wegen inneren Zwängen oder seelischer Abhängigkeit stattfinden. Damit soll das Prinzip der Intelligibilität eingehalten sein.

Den Alternativismus hingegen lehnt Pauen ab, weil er als Determinist ja zugeben muss, dass alle Handlungen einer Person genau festgelegt sind durch die Eigenschaften der Person selbst und die äußeren Umstände. Damit stand die Entscheidung für Oper oder Kino auch in Pauens Theorie schon vor ihrer Geburt fest. Sogar der gesamte Lebensweg steht schon seit der Geburt eines Menschen fest.

3.2.3 Harter Determinismus

Im Gegensatz zum Kompatibilismus geht der Harte Determinismus davon aus, dass sich Willensfreiheit und Determinismus nicht vereinbaren lassen, und dass der Determinismus das richtige Weltbild ist. Also steht die gesamte Zukunft der Welt und ihrer Teile schon immer fest. Im Unterschied zu den Kompatibilisten nehmen die harten Deterministen aber das dadurch entstehende *Fatalismusproblem* ernst. Es wird gerne am Beispiel des tragischen Helden Ödipus veranschaulicht: Ödipus wurde von einer Seherin mitgeteilt, dass sein Schicksal (fatum) ihn zum Mörder seines Vaters machen werde und zum Ehemann seiner Mutter. Der tragische Held versucht mit aller Macht, seinem Fatum zu entgehen. Aber gerade auf der ernst gemeinten Flucht vor der Verwirklichung seines Schicksals begeht er unwissentlich die ihm vorhergesagten Taten.

Ted Honderich[73] bearbeitet dieses Problem durch eine Art philosophischer Seelsorge. Er rät den Menschen, sich mit dem Determinismus zu befreunden. Um dies zu ermöglichen, stellt er die attraktiven Seiten des Determinismus heraus: Wenn man sich etwa sehr dafür angestrengt habe, ein bestimmtes Ziel zu erreichen, und sei dabei dann doch gescheitert, könne man sich damit trösten, dass das Scheitern nicht selbst verschuldet sei. So müsse man sich auch keine Selbstvorwürfe machen.

Bemerkenswert ist, dass Honderich die Menschen dazu auffordert, dem Determinismus zu vertrauen, und zwar in Hinsicht darauf, dass er

73 Vgl. a.a.O., S. 67–82.

es gut mit uns meine. An dieser Stelle horcht die Theologin auf. Denn die These, dass der Determinismus es mit uns gut meine, erscheint doch eher als ein Glaubensbekenntnis denn als ein philosophisches Argument. Und wie wir oben gesehen haben, ist der philosophische Determinismus nicht intentional, im Gegensatz zum theologischen Determinismus Luthers.

3.2.4 Illibertarer Indeterminismus

Kommen wir nun noch auf die vierte Position zu sprechen, den illibertaren Indeterminismus.[74] Wie der Harte Determinismus geht auch er davon aus, dass Willensfreiheit nicht mit dem Determinismus vereinbar sei. Aber im Gegensatz zu diesem legt er ein anderes Weltbild zugrunde, und zwar den Zufalls-Indeterminismus. Damit trägt er auch stärker den naturwissenschaftlichen Erkenntnissen der Physik Rechnung als die anderen drei Positionen.

Gemeinsam mit dem Harten Determinismus, und konsequenter als der Kompatibilismus, lehnt der illibertare Indeterminismus die Annahme von Willensfreiheit ab. Seine Grundannahmen lauten:

Erstens, sämtliche Entscheidungen einer Person sind bedingt durch ihre bisherigen Eigenschaften und durch die Situation, in der sie sich jeweils befindet. Ihre Entscheidungen sind also intelligibel. Im Gegensatz zum Kompatibilismus bezeichnet der illibertare Indeterminismus diese Interpretation jedoch nicht als eine schwache Form von Willensfreiheit.

Zweitens, es gilt das indeterministische Weltbild: In der Welt finden immer wieder Zufallsereignisse statt, und daher steht die Zukunft einer Person nicht schon in ihrer jeweiligen Gegenwart fest. Die intuitive Annahme von Alternativismus wird hier also nicht auf den Entscheidungsprozess der Person angewendet, sondern auf den möglichen Weltverlauf: Die persönliche Lebenswelt entwickelt sich mit zufälligen Verzweigungen. Es steht noch nicht fest, was in den nächsten Jahren oder Tagen im Lebensbereich einer Person geschehen sein wird. Deshalb kann es auch nicht schon im Voraus festliegen, wie man sich

74 Die hier geschilderten Grundannahmen finden sich ausführlicher in a.a.O., S. 162–224.

in einem Jahr oder morgen früh entscheiden wird. Definitiv steht eine Entscheidung erst fest, wenn man sie getroffen haben wird.

Drittens, unter diesen Voraussetzungen lässt sich das mit dem Determinismus verbundene Fatalismusproblem auflösen. Es besteht ja darin, dass ich erstens weiß, dass meine Zukunft jetzt schon in allen Einzelheiten feststeht. Natürlich kann ich nicht wissen, wie diese Zukunft aussehen wird. Aber ich muss mir sagen, dass von allen meinen Wünschen und Hoffnungen jetzt schon feststeht, ob sie sich verwirklichen werden oder nicht. Trotz allen Engagements könnte es sein, dass ich am Ende an allem gescheitert sein werde.

Diese Haltung kann man genauer analysieren, wenn man zwischen drei zeitlichen Aspekten unterscheidet. Im deterministischen Weltbild sieht die Analyse so aus:

Beim *präsentischen Aspekt* steht etwa ein Mensch in der Situation, ein schweres Problem lösen zu müssen. Er könnte dabei zu der Überzeugung kommen, dass er sich in einer Art Hamsterrad befindet. Sein ganzes Überlegen ist zwar notwendig, um eine Entscheidung zu finden, aber die ganze Mühe ändert doch nichts an der feststehenden Zukunft.

Unter dem *prospektiven Aspekt* entscheidet sich ein Mensch möglicherweise für einen schwierigen Weg in die Zukunft, etwa für eine sehr anspruchsvolle, lange und teure Ausbildung. Er muss im Determinismus wissen, dass dieser Weg schon jetzt zum Scheitern verurteilt sein könnte. Diese Einsicht könnte ihn in seiner Zuversicht und Aktivität einschränken.

Retrospektiv betrachtet, könnte jemanden eine Verbitterung darüber befallen, wenn er sich angesichts enttäuschter Lebenshoffnungen sagen muss, dass dieser Ausgang schon von Anfang an festgestanden habe.

Dieses Fatalismusproblem kann nun im Rahmen des illibertaren Indeterminismus aufgelöst werden. Denn hier gilt diese Maxime: Die Zukunft ist und bleibt offen, deswegen lohnt es sich zu denken und klug zu entscheiden, obwohl es keine Willensfreiheit gibt.

Unter dem *präsentischen Aspekt* kann man deswegen sagen: Es lohnt sich, dass ich mich auf zukünftige Handlungsfelder in der Gegenwart sorgfältig vorbereite und plane. Je mehr Kompetenzen ich in der Gegenwart erwerbe, desto höher ist meine Aussicht, in der zukünftigen Situation erfolgreich zu agieren. Jede weitere Bemühung in der Gegenwart kann einen Unterschied machen für meine zukünftigen Erfolgschancen.

Auch unter dem *prospektiven Aspekt* kann die Resignation beseitigt werden. Mögliche, wenn auch schwer zu erreichende Ziele können prinzipiell verwirklicht werden. Bei keinem prinzipiell möglichen Ziel besteht das Risiko, von vorneherein aussichtslos entschieden und gehandelt zu haben.

Unter dem *retrospektiven Aspekt* gilt selbst bei Misserfolg: Auch wer scheitert, kann wissen, dass er nicht von Anfang an ins Leere gelaufen ist, und sich damit eventuell trösten.[75]

Wir verstehen in dieser Position also die Welt als ein Geflecht von naturwissenschaftlichen, sozialen und geistigen Gesetzen und Regelmäßigkeiten, das jedoch von Zufallsereignissen unterbrochen ist. Willensfreiheit ist ein unmöglicher Begriff, aber die Zufälle im Weltlauf und in jeder menschlichen Biografie verhindern dennoch den Determinismus. Wenn die Struktur der Welt so beschaffen ist, dann folgt aus dem christlichen Schöpfungsglauben, dass Gott genau diese Struktur der Welt gewollt hat: Gesetzmäßigkeiten, denen entlang sich das Weltall, die Erde und die Menschheit entwickeln; Verhaltensregeln, an denen wir uns in unserem Handeln orientieren können, um unsere großen und kleinen Ziele zu verwirklichen versuchen. Aber diese Gesetze und Regeln erzeugen keinen Determinismus, weil immer wieder Zufallsereignisse die Kausalketten aufbrechen. Anhand dieser Vorstellung von unserer Lebenswelt im Allgemeinen soll zum Schluss noch überlegt werden, was es mit Gottes Gnade, unserem Willen und der Entstehung des christlichen Glaubens in einer Person auf sich hat.

75 Vgl. ausführlich dazu a.a.O., S. 198–210.

4. Die Kultur des Evangeliums in der Weltgeschichte und die Entstehung des Glaubens

Der christliche Gottesglaube beruht auf Jesu Verkündigung des Gottesreiches, auf seinem Umgang mit den Menschen und auf dem Wunder von Ostern. Die Nachricht davon verbreitete sich zunächst mündlich, später durch apostolische Briefe, und als zuletzt noch die Evangelien geschrieben waren, lag der heutige Bestand der neutestamentlichen Schriften vor. Diese wiederum können nur im Horizont des alttestamentlichen Gottesverständnisses authentisch interpretiert werden. Was immer als christlich gilt, hat sich an diesem Schriftenkanon zu legitimieren.

Aber damit ist nicht dem Biblizismus oder gar Fundamentalismus das Wort geredet. Die Bibel ist nicht das Christentum. Christlicher Glaube entsteht vielmehr dadurch, dass die biblischen Texte in die jeweilige Kultur einer Zeit und eines Erdteils hinein ausgelegt werden. Die Konfessionen, die bis zur Reformationszeit in Europa entstanden sind, haben die Dogmen übernommen, die im 4. und 5. Jahrhundert von hellenistisch gebildeten Bischöfen erfunden wurden, um das Wesen Gottes und seine Verbindung mit Jesus von Nazareth wissenschaftlich zu beschreiben – so gut sie es eben konnten. Es handelt sich bei diesen Dogmen um eine Verschmelzung von biblischen Gedanken und philosophischen Reflexionen, die in der damaligen Kultur als einleuchtend erschienen. Heute versuchen nichteuropäische christliche Theologen und Theologinnen, die Person Jesu vor dem Hintergrund derjenigen Vorstellungen auszudrücken, die in ihrer (afrikanischen, asiatischen oder südamerikanischen) Kultur gängig sind. Was hier am Beispiel der Glaubensvorstellungen bezüglich der Person Jesu Christi veranschaulicht wurde, gilt generell für jede neue Kulturepoche: Der christliche Glaube muss immer wieder in die jeweilige Lebenswelt hinein übersetzt und ausgelegt werden.

Die christliche Vorstellungswelt ist heute weit verbreitet, teils recht substantiell, teils in fast homöopathischer Verdünnung. Wer heute in Europa lebt, begegnet zahlreichen Nachwirkungen des Christentums, auch wenn er oder sie niemals einen Fuß in eine Kirche setzt. Im öffentlichen Rundfunk kann man etwa auf christliche Andachten stoßen; die christlichen Jahresfeste bestimmen teilweise auch den Alltag der nichtchristlichen Bevölkerungsgruppen mit. Man kann aber natürlich nicht nur am Rande wahrnehmen, was an christlichen Kulturwirkungen im Alltagsleben vorhanden ist, sondern kann auch absichtlich in die Kultur des Evangeliums eintreten, etwa beim Religionsunterricht, der in Deutschland zusammen von Kirche und Staat organisiert ist, oder im öffentlichen Gottesdienst.

Christlicher Glaube entsteht dann, wenn christliche Gedanken in das Bewusstsein einer Person eintreten und diese nach und nach von ihrer Plausibilität überzeugen. Damit sind nicht lediglich rein kognitive Prozesse gemeint. Auch emotionale Faktoren einer Person führen dazu, ob der christliche Glaube innerlich bejaht werden kann oder nicht. Für Luther war es vor allem die gottesdienstliche Predigt, die den Glauben in einem Menschen hervorrufen oder bestärken konnte. Doch auch ein christlich motivierter Zuspruch durch einen nahestehenden Menschen oder ein provokanter Werbeslogan aus der kirchlichen Öffentlichkeitsarbeit könnte die Ursache dafür sein, dass jemand ins Nachdenken über den christlichen Glauben gerät. Die familiäre Erziehung, die *peer group* oder der Religionsunterricht können ein angeleitetes Nachdenken über Christus, Gott und die Welt hervorrufen.

Was aus solchem spontanen oder angeleiteten Nachdenken über den christlichen Glauben resultiert, kann niemand vorhersagen. Wir haben oben im philosophischen Abschnitt gesehen, dass die Vorstellung einer libertaren Willensfreiheit äußerst problematisch ist. Wir formulieren daher so: Ob sich die Zuneigung zum christlichen Glauben in einer Person entwickelt oder nicht, hängt von ihrer bisherigen Biographie und ihrer gegenwärtigen Umgebung ab. Dazu gehört natürlich auch Gottes Wirken im Herzen einer Person.

5. Zum Schluss: Luther oder Erasmus?

Wenn wir ernst nehmen, dass die Möglichkeit von Willensfreiheit im heutigen wissenschaftlichen Diskurs nicht überzeugend zu begründen ist, kann Erasmus auch heute nicht als Sieger vom Podium gehen. Die von dem großen Humanisten vorgestellte Willensfreiheit entspricht der heutigen Position des Libertarismus. Dieser ist, wie wir gesehen haben, äußerst randständig. Wer heute die Willensfreiheit verteidigen möchte, hat deswegen lediglich die Möglichkeit, sie entweder als Glaubensartikel zu bekennen oder philosophisch zu postulieren. Die scharfe, leider auch persönlich verletzende Kritik Luthers an den erasmischen Freiheitsdefinitionen, wird heute in nüchterner Wissenschaftsprosa von den Kompatibilisten, harten Deterministen und illibertaren Indeterministen geteilt.

Wir müssen aber auch einsehen, dass Erasmus Recht hatte mit seinem Protest gegen die Vorstellung, dass Gott die Ungläubigen dafür ewig bestraft, dass er ihnen *nicht* den Glauben geschenkt hat. Denn dies entspricht tatsächlich einer ewigen Prädestination zur Hölle, auch wenn Augustin, Martin Luther und andere Theologen sich gegen diese Einsicht sträubten.

Es ist außerdem historisch bemerkenswert, dass in allen Konfessionen, in denen die Willensfreiheit des Menschen bestritten wurde, diese Bestreitung später entweder offiziell oder unter der Hand aufgegeben wurde. Indem Erasmus bei Luther die Barmherzigkeit Gottes als gefährdet ansah, hat er also etwas Wichtiges und Richtige bemerkt. Die zunehmende Pelagianisierung der Konfessionen kann deswegen wohl auch als unausgesprochene Zustimmung zu Erasmus gewertet werden.

Allerdings ist dadurch die reformatorische Gnadenlehre, die heute noch immer gerne mit den Exklusivartikeln (allein aus Gnade, allein aus Glauben) beschrieben wird, aufgegeben. Stehen wir heute also in dem Dilemma zwischen einer genuin reformatorischen Theologie einerseits (inklusive der Prädestination) und einer unevangelischen pelagianischen Theologie, wenn auch möglicherweise ohne Papsttum?

Zum Glück ist dies nicht der Fall! Es ist durchaus möglich, sowohl der reformatorischen Entdeckung Martin Luthers (*sola gratia*, also unfreier Wille) als auch dem Protest des Erasmus gegen die unbarmherzige Prädestinationelehre gerecht zu werden. Das oben eingeführte Trilemma hat ja bereits gezeigt, wie dies geschehen könnte: Durch eine Kombination der reformatorischen Gnadenlehre mit der Hoffnung auf die schlussendliche Erlösung eines jeden Menschen. Hier könnte eine ebenfalls beachtliche Seitenlinie der Theologiegeschichte berücksichtigt werden, die keine billige Gnade verspricht, sondern die Opfer dadurch in ihr Recht setzt, dass die Täter sich vor Gott und den Menschen zu verantworten haben. Dies impliziert einen zeitlich begrenzten Prozess von schmerzhafter Selbsterkenntnis, der zu so echter und tiefer Reue führt, die schlussendlich auch echte Vergebung seitens der Opfer ermöglicht.

Nachwort der Herausgeber zum Abschluss der Studienreihe Luther

Mit dem vorliegenden Studienheft von Birgitta Annette Weinhardt über die Kontroverse zwischen Erasmus von Rotterdam und Martin Luther über den freien Willen schließen wir die Studienreihe Luther ab. Seit dem Beginn vor zehn Jahren, 2014, mit dem Einführungsband von Günter Brakelmann, »Luther. Daten und Fakten«, erscheint nun der 23. Band.

Das gibt uns Anlass, allen Autoren[1] herzlich dafür zu danken, dass sie ehrenamtlich ihre Beiträge zum Gelingen unseres Projekts eingebracht haben. Wissenschaftler, die vor allem den evangelisch-theologischen Fakultäten der Universitäten Bochum und Münster sowie der Evangelischen Hochschule Bochum und der Kirchlichen Hochschule Wuppertal verbunden sind, haben auf diese Weise einen besonderen Beitrag zum Reformationsjubiläum 2017 geleistet, das seinerzeit den Anlass zu unserem Projekt gegeben hat. Zu danken haben wir auch der Evangelischen Kirche in Deutschland (EKD), der Evangelischen Kirche von Westfalen (EKvW), dem Evangelischen Kirchenkreis Münster und der Evangelischen Stadtakademie Bochum für die hilfreiche und konstruktive Zusammenarbeit. Wir danken ebenso dem Luther-Verlag Bielefeld mit seinem Lektor Hans Möhler, der uns verlässlich und geduldig über die Jahre hinweg begleitet hat.

Ideengeber und Initiator der Studienreihe war Günter Brakelmann, der nicht nur drei Bände zu dieser Reihe beigetragen hat, sondern zur großen Freude der Mitherausgeber auch noch das Erscheinen des letzten, ihm besonders am Herzen liegenden Bandes im Alter von 92 Jahren miterleben kann. Dankbar gedenken wir auch Johannes Wallmanns (*21.05.1930 †02.01.2021), der sich mit seinen Diskussionsbeiträgen und seinem Stu-

1 Um Personen und Gruppen unabhängig von Sex und Gender gleichberechtigt anzusprechen, binäre Kodierungen, Unkorrektheiten, logische Fehler und eine Aufblähung des Textes zu vermeiden, verwenden wir in diesem Nachwort das generative Genus Maskulinum.

dienheft über Martin Luthers Judenschriften um unser Projekt besonders verdient gemacht hat.

Zur Absicht dieser Reihe schrieben wir damals: »Mit unserer Schriftenreihe wollen wir an der Geschichte der Reformation interessierten Zeitgenossen ein Angebot zum Selbststudium des Lebens und der Werke Martin Luthers machen.« (S. 7) Es freut uns, dass wir eine große Spannbreite von Themen abdecken konnten; systematische Vollständigkeit haben wir nicht angestrebt. Uns war wichtig, ausgewiesene Autoren zu gewinnen, die bereit waren, unseren Lesern ein unserer Intention entsprechendes Angebot zu ausgewählten Themen zu machen.

Ob nun zum Selbststudium oder zum Gebrauch in der Bildungsarbeit in Gemeinde, Diakonie, Schule und Hochschule – wir hoffen, dass die Bände der Studienreihe ihren Dienst tun und ihren Weg gehen werden und wünschen unseren Lesern den Nutzen, den sie von der Lektüre erwarten.

Dieter Beese, Günter Brakelmann, Arno Lohmann
Bochum, im Januar 2024

Personen-Register

Orts-Register

Dr. Birgitta Annette Weinhardt

- Studium der Ev. Theologie, Germanistik und Erziehungswissenschaften in Karlsruhe.
- Dissertation über die Frage nach der menschlichen Willensfreiheit.
- Wissenschaftliche Mitarbeiterin in den DFG geförderten Projekten »Edition des Briefwechsels von Albrecht Ritschl und Wilhelm Herrmann«, »Edition von Albrecht Ritschls Dogmatik-Vorlesungen von 1866/67 und 1881/82«, »Edition von Albrecht Ritschls Vorlesung über die Katholischen Briefe von 1881«.
- Habilitationsprojekt an der Kirchlichen Hochschule Wuppertal zu Ferdinand Kattenbuschs Gesamtwerk und der Frage nach der Wirkungsgeschichte der Metaphysikkritik Ritschls und seiner Schule vom 19. zum 20. Jahrhundert.